徐冰

著

工业设计产业
与区域经济发展研究

RESEARCH ON
INDUSTRIAL DESIGN INDUSTRY
AND REGIONAL ECONOMIC DEVELOPMENT

社会科学文献出版社
SOCIAL SCIENCES ACADEMIC PRESS (CHINA)

序　言

　　工业设计作为提升制造业竞争力的重要手段，是驱动经济创新发展的核心动力之一。以英美日韩等发达国家为代表，越来越多的国家将工业设计视作促进生产发展的重要国家战略，并大力扶持相关产业发展。自我国改革开放以来，工业设计在教育上作为学科专业、在生产上作为创新方法被逐步引入，并日益受到领导部门的高度重视，经过四十余载的发展，我国的工业设计获得了长足的进步。与此同时，我国的工业设计产业发展同样迅速，截至目前，全国拥有独立工业设计部门的企业和工业设计公司综合已突破两万家，而以长三角和粤港澳大湾区为代表的东部沿海地区，工业设计产业发展已颇具规模，并成为当地先进制造产业链中的重要环节。而对比欧美发达国家，我国整体工业设计产业发展仍相对薄弱，存在产业规模较小、分布不均衡、赋能不足等问题。因此，如何促进工业设计产业健康发展、缩小与发达国家之间的差距，是实现中国制造向中国创造转变的重要战略支撑。

纵观当下国内外针对工业设计产业的研究，绝大部分属于质性研究范畴，多从产业性质、发展战略、升级路径等理论层面展开，缺乏针对具体区域、具体空间面板展开的量化研究。这种研究境况很大程度上增加了决策的难度，致使有关部门难以针对区域工业设计产业发展情况因地制宜地实施管理。习近平总书记在全国哲学社会科学工作座谈会上明确提出，构建中国特色哲学社会科学的核心是"要用中国理论解决中国问题"，因此，如何深化研究形成从质性到量化的纵深研究结构，全面剖析我国工业设计产业发展情况，是每一位设计领域的研究者应当思考的"中国问题"。

作为工业设计领域的行业专家，本书是由徐冰博士和他的团队花费巨大精力取得的研究成果。书中通过文献计量、熵值法、结构方程等众多量化分析方法，针对工业设计产业展开深入的研究，形成了"点线面"式逐步递进的研究层级：通过工业设计产业研究知识图谱，全面展现世界范围内该领域的研究现状；通过结合区域经济发展与实际案例分析，科学表征当下工业设计产业发展状况；通过结合制造业碳排放量计算，阐释了工业设计产业绿色化发展的社会意义。全书呈现了从质性分析到量化研究的多样性结构，展现了从宏观到中观再到微观的多层次研究视角，并基于浙江省工业设计产业发展现状进行了具体实证，科学提出了相关政策建议，堪称设计管理研究的典范。

　　徐冰博士的研究集成展现了现阶段以浙江省为代表的国内发达地区工业设计产业发展情况，同时为我国工业设计产业研究提供了优秀的范例样本。我坚信，在一代又一代学者的努力下，我国工业设计产业研究必然能够实现跨越式发展，为制造强国战略的实施提供坚实的科学理论支撑，推动我国在制造强国的道路上更进一步。

　　是以为序。

南京艺术学院院长

前　言

　　工业设计是以用户为中心，通过集成创新、科技、商业和文化，在用户与制造业之间架设桥梁，将技术创新、产品创新和服务创新有机地融为一体，推动全产业链创新，实现价值链各环节提升的创新活动，是增强产业竞争力的重要手段，是创新驱动战略的重要内容，是未来产业的核心竞争力，对于提升产品档次、引领技术创新、促进产业高质量发展具有重要意义。2023 年 2 月 6 日，中共中央、国务院印发了《质量强国建设纲要》，明确提出发挥工业设计对质量提升的牵引作用，强化研发设计，推动工业品质量迈向中高端；同时提升工业设计、知识产权等科技服务水平，推动产业链与创新链、价值链精准对接、深度融合。未来的产业竞争将是科技的竞争、创新的竞争，工业设计作为产业转型升级的急先锋和产品创新的发动机，数字设计、智能设计、绿色设计、定制设计是其发展的重要方向，将助力中国制造业迈向全球价值链中高端。

浙江是我国工业设计产业发展的排头兵，浙江省委、省政府全面实施创新驱动发展战略，从 2012 年开始，浙江省政府出台了一系列推动工业设计发展的政策措施，全省各地、各部门通过抓政策、抓集聚、抓企业、抓人才，走出了一条浙江工业设计发展的特色之路，对提升制造业发展水平，加快工业转型升级起到了重要作用，浙江工业设计产业蓬勃发展，浙江设计硕果累累、成绩斐然。未来，在数字中国战略目标指引下，在推进新型工业化过程中，浙江工业设计产业将围绕制造强省建设目标，聚焦"415X"先进制造业集群建设，充分发挥工业设计的创新引领作用，坚持走"高端化、数字化、智能化、绿色化、国际化"发展道路，为推进中国式现代化贡献浙江设计力量。

2015 年以来，我有幸参与了浙江省工业设计发展相关战略研究、产业政策、发展规划等重要工作，伴随着浙江工业设计的跨越式发展，深刻认识到工业设计对产业和区域经济高质量发展的重要引领作用，由此，开始逐步研究分析工业设计产业在区域经济发展中的各种实现路径及方法。随后，我被浙江省经济和信息化厅聘为工业设计和服务型制造智库专家，这更坚定了我从产业角度去思考工业设计的发展方向及其为产业赋能创新的价值所在。

本书从经济层面到社会责任层面，试图从产业研究视角来探究工业设计如何赋能区域经济高质量发展。全书共分为 7 章展开论述，第 1 章和第 2 章由徐冰、瞿浩翔撰写，第 3 章由徐冰、瞿浩翔、严未撰写，第 4 章由徐冰、孔思远、楼镓波撰写，第 5 章由徐冰、孔思远、项彦飞撰写，第 6 章由徐冰、瞿浩翔、严雨婷撰写，第 7 章由徐冰、瞿浩翔、应芷悦撰写。同时，浙江工业大学设计与建筑学院周超、周小燕、赵敏、孙旭楠、胡超杰、陈天易、郑雪楠、张世豪、陆嘉伟等同学为本书提供了翔实的研究材料和必要协助。

本书在写作过程中得到了多方面的大力支持。感谢南京艺术学院张凌浩校长在百忙之中阅读书稿，并拨冗作序。感谢浙江省经济和信息化厅对研究工作的全力指导。感谢浙江省工业设计协会、工信部服务型制造研究院、杭州市工业设计协会、嘉兴市工业设计协会、台州市工业设计协会对研究的一贯支持。感谢台州市黄岩区模塑工业设计基地、宁波和丰创意广场、永康中国五金工业创意设计中心、乐清市工业设计基地等浙江全省 18 个工业设计基地对研究的大力支持。感谢工信部服务型制造研究院刘尚文院长、中国社科院工业经济研究所罗仲伟教授、浙江省工业设计协会骆云伟会长、浙江省工业设计协会章群星秘书长、北京光华设计基金会张琦秘书长、同济大学徐江教授、上海交通大学席涛教授、中国美术学院王昀教授、浙江大学罗仕鉴教授、南京艺术学院张明教授、国家工业设计研究院（中低压电气）余旭聃院长、杭州博乐工业设计股份有限公司周立钢董事长、杭州老板电器股份有限公司工业设计中心钟素萍设计总监、浙江乔恩特工业产品设计有限公司叶门龙总经理、台州市黄岩模塑工业设计有限公司王国军总经理的无私帮助。感谢杭州目乐医疗科技股份有限公司程得集和程香云伉俪对本书研究提供支持。特别感谢瞿浩翔同学对本书付出的辛苦努力。本书出版得到了社会科学文献出版社的大力支持，在此一并表示深深地谢意。

产业因工业设计而更具活力，世界因工业设计而更加美好。由于知识的局限性和数据资料的有限性，本书难免存在不足之处，请各位专家和广大读者朋友不吝赐教，以便进一步修订完善。

徐冰

2023 年 5 月于浙江工业大学

目　录

第1章　工业设计产业现状

1.1　工业设计产业的概念与内涵

1.1.1　产业的概念与分类

《大英百科全书》中关于产业的定义是：生产或供应商品、服务或收入来源的生产性企业或组织集团①。当今经济学针对产业进行细粒度划分，最广泛使用的是20世纪30年代英国经济学家阿·费希尔在其所著的《安全与进步的冲突》一书中提出的三次产业分类法。我国在该划分方法的基础上建立了相当完整的产业划分体系《国民经济行业分类》（GB/T 4754-2017）②。

第一产业，又称初级产业，处于生产链的起始段，负

---

① Britannica, The Editors of Encyclopaedia "Industry", Encyclopedia Britannica, 21 Oct. 2022.
② GB/T 4754-2017, 国民经济分类 S。

责最初的原料开采，是提供生产资料的阶段，包括农业、林业、渔业、畜牧业等。第二产业，又称中级产业，是产品的加工制造环节，对第一产业提供的原料进行加工处理，包括制造业、采掘业及电力、建筑、能源等行业，以重工业为主。第三产业，又称高级产业，负责产品的流通以及为终端客户提供服务，是产品市场供应的最后阶段，包括现代服务业和商业。三次产业相互依赖，其中第一产业为第二、第三产业提供原始的物质基础；而第二产业是支撑第三产业的核心，并为第一产业拉动需求；第三产业是第一、二产业的价值体现，也是产值和利润最大的部分。

在划分中，不隶属第一、第二产业的非物质生产行业均被归为第三产业。随着社会发展，新服务业态的出现让第三产业变得相当复杂，部分学者主张将科技产业单独列为第四产业；而近年来，文化创意产业在世界各国发展迅速，出现了第五产业的概念，是指文化、科技行业的集合。纵观世界范围内整体的产业格局，三次产业分类法仍然得到各国官方广泛的认可，但不可忽视的是新兴服务业、文化创意产业的蓬勃发展已经引起学术界的高度重视，在客观上其已经成为国民经济中不可或缺的一部分。针对新兴产业的学术研究，是把握时代知识前沿、更新迭

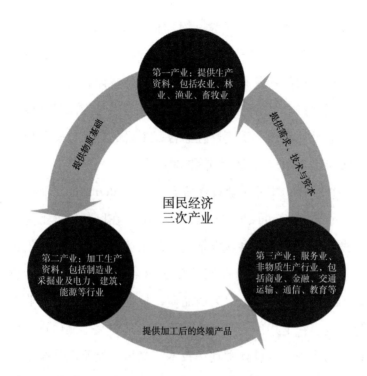

图 1.1　三次产业的关系

代知识体系的重要步骤，更是为政府科学决策、国民经济健康发展提供有力理论依据的关键举措。

1.1.2　工业设计产业

工业设计起源于包豪斯（Bauhaus），诞生于大工业化生产时代，以工学、美学、经济学为基础对工业产品进行设计，在市场竞争中成为高附加值的载具手段，是 20 世纪初工业化社会的产物。其内涵随着时代发展而不断拓展，从最初的针对大批量工业产品的外观设计至有关产品生命周期的整体系统设计①，其概念演变如图 1.2 所示。就工业设计概念的演化过程而言，主要的定义分别出现在 1980 年、2006 年、2015 年和 2017 年。

1980 年，国际工业设计协会（The International Council of Societies of Industrial Design，ICSID）在巴黎年会上为工业设计下的定义是：就批量生产的工业产品而言，基于技术、知识、经验及视觉感观赋予材料、结构、形态、色彩、表面加工及装饰以新的品质。根据具体情况，工业设计师应当在上述工业产品全部侧面或其中几个侧面进行设计，而且当工业设计师利用技术、知识和经验以及视觉评价能力解决包装、宣传、展示、市场开发等问题时，也属于工业设计范畴。

2006 年，国际工业设计协会（ICSID）再次修正工业设计的定义为：设计是一种创造性活动，是为物品、过程、服务及其在整个生命周期中提升多方面的品质。因此，

---

① Wu Q. , Li Z. , "Thinking about the Theory Construction of Chinese Industrial Design," *Advanced Materials Research*, Vol. 228 - 229, Trans Tech Publications, Ltd. , Apr. 2011, pp. 248-252.

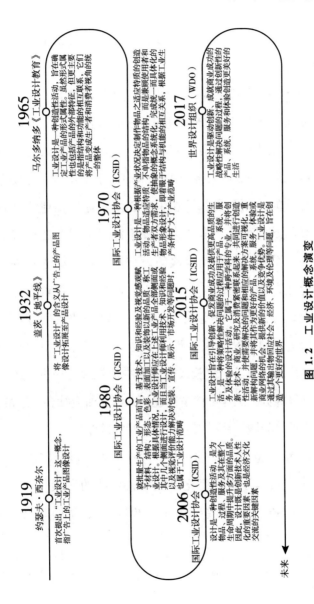

图 1.2　工业设计概念演变

1919

约瑟夫·西奈尔

首次提出"工业设计"这一概念，指广告上的工业产品图像设计

1932

盖茨《地平线》

将"工业设计"的含义从广告上的产品图像拓展至产品设计

1965

马尔多纳多《工业设计教育》

工业设计是一种创造性活动，旨在确定工业产品的形式属性。虽然形式属性也包括产品的外部特征，但更主要的是指结构和功能的相互联系，它们将产品变成生产者和消费者视角的统一的整体

1970

国际工业设计协会（ICSID）

工业设计是一种根据产品所具有的状况决定制作物品之适应特质的创造活动，物品适应物质、不单形物结构，而是兼顾使用者和生产者双方需求。使物品概念系统化，完成一而具体化一的整体一一的。并使产品形象双重化，即在眼于结构与功能的相互关系，产条件扩大了产业范畴

2017

世界设计组织（WDO）

工业设计是驱动创新、成就商业成功的过程，旨在通过创新性的产品、服务和体验创造更美好的生活

1980

国际工业设计协会（ICSID）

就批量生产的工业产品而言，产品的形、结构、色彩，表面加工以及装饰以新的品质，手材料，根据具体情况，业设计师应在上述工业产品全部侧面或其中几个侧面进行设计，而且当工业技术利用技术，以及规定评价能力以解决问题时，宣传、展示、市场开发等问题时，也属于工业设计范畴

2015

国际工业设计协会（ICSID）

工业设计旨在引导创新、促发商业成功及提供更高质的生活，是一种将策略性解决问题的过程应用于产品、系统、服务及体验的设计活动。它是一个跨学科的专业，将创新、技术、商业、研究及消费者紧密联系起来，共同进行创造性活动，并使需要解决的问题和相应的解决方案进行可视化，重新解构问题，并将其作为更好的创新的价值以及更好的产品、系统、服务、体验或商业网络的机会，以提供新的价值以及竞争优势。工业设计是通过其输出物回应社会、经济、环境及伦理等问题，旨在创造一个更美好的世界

2006

国际工业设计协会（ICSID）

设计是一种创造性活动，是为物品、过程、服务及其全体在整个生命周期中提升多方面的品质。因此，设计既是创新技术人性化的重要因素，也是经济文化交流的关键因素

未来

设计既是创新技术人性化的重要因素，也是经济文化交流的关键因素。

2015年10月17~18日，国际工业设计协会（ICSID）在韩国光州召开的第29届年度代表大会上，将沿用近60年的"国际工业设计协会"（ICSID）名称正式更改为"世界设计组织"（World Design Organization，WDO），并发布了工业设计的最新定义：旨在引导创新、促发商业成功及提供更高品质的生活，是一种将策略性解决问题的过程应用于产品、系统、服务及体验的设计活动。它属于一种跨学科的专业，将创新、技术、商业、研究及消费紧密地联系在一起，共同进行创造性活动，并使需解决的问题、相应的解决方案可视化，重新解构问题，并将其作为建立更好的产品、系统、服务、体验或商业网络的机会，提供新的价值以及竞争优势。工业设计是通过其输出物回应社会、经济、环境及伦理等问题，旨在创造一个更好的世界。

2017年，世界设计组织（WDO）根据设计师的活动、要求、工作方式的变化以及设计行业的发展[1]，对工业设计这一概念不断做出修正，2017年更新的定义为：

---

[1] Zeng S., Hu T. X., "Exploring the Essence of Industrial Design from the Variations of Its Definition," International Conference on Mechanical Engineering and Mechanics, 2007, pp. 2145-2147.

工业设计是驱动创新、促成商业成功的战略过程，通过设计创新性的产品、系统、服务和体验创造更美好的生活[①]。

　　根据工业设计的相关概念，结合产业的定义以及实际市场运营情况以及政策导向，本书对工业设计产业做出如下定义：工业设计产业是以用户为中心，通过集成创新、科技、商业和文化，在用户与制造业之间架设起桥梁，将技术创新、产品创新和服务创新有机地融为一体，推动全产业链创新，实现价值链各环节提升的创新活动，是增强产业竞争力的重要手段。2011 年国务院对工业设计产业做出了更细致的划分，将其列入生产性服务业门类下的高技术服务业，《国务院办公厅关于加快发展高技术服务业的指导意见》（国办发〔2011〕58 号）明确指出，以工业设计产业为代表的高技术服务业是具有高附加值、高技术含量的现代服务业，其创新性相比传统服务业更强、发展潜力更大，对传统产业升级具有显著的推动作用。2019 年工信部等十三部门发布的《制造业设计能力提升专项行动计划（2019—2022 年）》（工信部联产业〔2019〕218 号）明确提出工业设计产业的创新能力有力地促进了制

---

　　① 何人可主编《工业设计史》，高等教育出版社，2019，第 154 页。

造业转型升级。超过 20 项国家层面的政策文件强调了工业设计产业作为生态服务业、高技术服务业，是制造业转型升级的重要驱动力，从侧面说明了制造业是工业设计产业主要的服务对象。正如路甬祥院士等曾经提出，设计强则制造强①。从宏观层面，工业设计产业作为典型创新密集型和知识密集型产业，是国家创新和区域经济高质量发展的保障，是中国制造迈向中国创造的核心驱动力。

1.2 国内外工业设计产业发展现状

1.2.1 国外工业设计产业发展现状

以英国、美国为首的西方发达国家早在 20 世纪初就认识到工业设计产业发展对国民经济的重大影响，为此，在相当长的时间里投入巨额的资本以及人力支持工业设计产业发展②，走在世界的前列。西方国家发达的工业设计产业高效地将技术创意与信息知识转化为优良的产品与服

---

① 路甬祥、孙守迁、张克俊：《创新设计发展战略研究》，《机械设计》2019 年第 2 期，第 1~4 页。
② 黄雪飞、曹小琴：《工业设计产业竞争力的影响因素解析》，《设计艺术研究》2018 年第 1 期，第 24~31 页。

务，占据着制造与服务价值的制高点[①]。当今世界范围内，以欧美以及日韩为代表的发达国家仍占据先进工业设计产业的主导地位，下文探讨极具代表性的 5 个国家的工业设计产业发展现状，具体如图 1.3 所示。

美国工业设计产业：美国是世界上第一个实现工业设计职业化的国家[②]，其产业规模在当今世界范围内首屈一指，是公认设计创新能力最强的国家。早在 20 世纪中叶，美国就制定了"联邦设计促进计划""设计精英计划"等，并于 1992 年提出了"设计美国"战略[③]，明确将工业设计作为提升国力的战略手段。美国工业设计产业主要集中分布在东西海沿岸，并高效服务于其发达的制造业和科技行业。例如硅谷的高新技术行业中有众多的工业设计公司辅助设计，马萨诸塞州也形成了著名的"设计创新制造系统"。

英国工业设计产业：英国在第二次世界大战后就成立了工业设计协会，是世界范围内最早提出"设计立国"概

---

① 路甬祥：《设计的进化与面向未来的中国创新设计》，《全球化》2014 年第 6 期，第 5~13+133 页。

② 曹小琴、陈茂清：《珠三角地区工业设计产业链构建策略》，《科技管理研究》2021 年第 6 期，第 98~104 页。

③ 郝凝辉：《中外设计产业形态与现状比较》，《现代商贸工业》2016 年第 26 期，第 22~23 页。

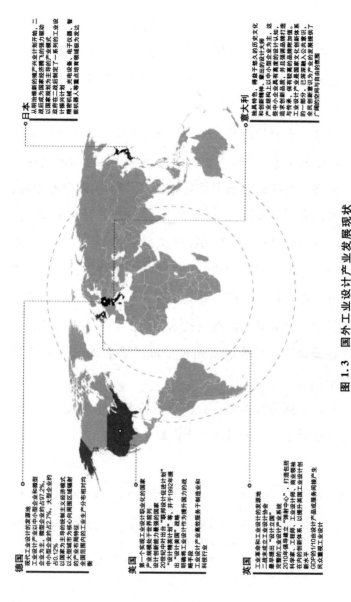

图 1.3 国外工业设计产业发展现状

日本

从明治维新期的殖产兴业计划开始，二战后成为国家经济腾飞的强力驱动，以国家规划为主导的产业模式，政府在二战后制定了一系列的工业设计振兴计划，精密机械、光电设备、电子仪器、智能机器人等重点领域极为发达

意大利

独具特色，得益于悠久的历史文化和创新精神，衍生出设计大师产业链新构，以中小型企业为主，这些中小企业具有高度的设计认知，追求创新品质，并且强调品牌打造与传承，保有较高的品牌附加值，工业设计是国家文化创新体系的一部分，已深深融入公共意识、全民创新意识为产业发展提供了广阔的空间与自由的发展氛围

德国

现代工业设计的发源地，工业设计产业以中小型企业和微型企业为主，微型企业约有占97.2%，中小型企业约占2.7%，大型企业约占0.12%，以国家为主导的持续性主义经济模式，以大型城市为核心向周围区域辐射的产业布局特征，全国范围内的工业生产分布相对均衡

美国

第一个实现工业设计职业化的国家，产业规模雄踞于世界前列，设计创新能力最强劲的国家，20世纪中叶出台"联邦设计促进计划""设计精英计划"等，并于1992年提出"设计美国"战略，明确将工业设计作为提升国力的放大器手段，工业设计高效服务于制造业和科技行业

英国

工业革命和工业设计的发源地，二战后成立工业设计协会，最早提出"设计立国"，完整的工业设计产业系统，2010年率先建立"创新中心"，打造包括科学家、工程师、工业设计师、商业精神在内的创新体系，以提升英国工业设计的新水平，GDP的1/10由设计产品或服务间接产生，民众重视工业设计

念的。作为工业革命和工业设计的发源地，英国经过长期发展已经形成了完整的工业设计产业系统。作为世界范围内的"领头羊"，英国的工业设计产业政策与时俱进，面对新时代的经济形势，英国政府 2010 年倡导建立"弹射中心"，打造包括科学家、工程师、工业设计师、商业领袖在内的创新体系[①]。其核心目标是提升英国工业设计创新能力，优化高质量创新源以及技术池，保障英国在世界范围内的新市场、新价值链中占有一席之地。根据初步统计，英国国民生产总值（GDP）的 1/10 间接源自设计产品或服务，企业对工业设计的重视程度日益提升[②]。在英国全社会范围内，民众对工业设计的重视程度同样极高。

德国工业设计产业：德国作为现代工业设计的发源地，以包豪斯学校闻名于世。德国工业设计产业以中小型企业和微型企业为主体[③]，微型企业约占 97.2%，中小型企业约占 2.7%，大型企业约占 0.12%，但是大型企业获得了 40% 以上的盈利收入，中小型企业则贡献了 30% 以

---

① 宋亮、梁鲲、郭英、何颖：《全球典型新型制造业创新载体可持续发展经验研究》，《机器人产业》2021 年第 6 期，第 12~21 页。

② 李朔：《中英工业设计发展历程轨迹比较研究》，武汉理工大学博士学位论文，2016。

③ 张瑾、徐文静：《德国创新设计考察报告》，《全球化》2017 年第 3 期，第 104~114+136 页。

上。在德国工业化进程中，以国家为主导的统制主义经济模式对工业设计产业的分布产生了深远的影响，以大型城市为核心向周围区域辐射的产业布局特征明显。原先的鲁尔重工业基地、科隆和柏林的高科技产业集群都是当今工业设计产业高度集中的区域，主要从事创新设计，而周边的地区主要负责销售。但不可忽视的是，德国先进、完备的工业体系使其全国范围内的工业生产分布相对均衡，即使是在相对欠发达的地区，其工业设计产业也极为发达，如石勒苏益格—荷尔斯泰因州，这些地区的工业设计产业体系较为封闭，主要服务于国内工业需求，较少涉及进出口贸易。

意大利工业设计产业：意大利的工业设计产业独具特色，得益于悠久的历史文化和创新精神，以及辈出的设计大师，其工业设计享誉世界①。在产业结构上，意大利以中小型企业为主，这些中小企业对设计具有高度的认知，追求创新品质，并且强调品牌打造与传承，保有较高的品牌附加值。例如意大利的高级跑车设计、航空航天机械设计、家具设计等，虽然一直保持较小的设计、生产规模，但是拥有极高的盈利率。意大利工业设计产业是国家文化

---

① 李茗怡：《工业设计，为中国创造插上腾飞的翅膀》，《上海企业》2011年第3期，第15~19页。

创新体系的一个部分，已经深深融入公众意识，虽然国家层面的财政支持较少，但是全民创新意识为产业的发展提供了广阔的空间与自由的氛围。

日本工业设计产业：日本工业设计产业的发展始于明治维新的殖产兴业计划①，并贯穿其工业化进程，二战后成为国家经济腾飞的强力驱动。与欧美国家的市场自发构建方式不同，以国家规划为主导的产业模式是日本工业设计产业的发展特征。日本政府在二战后制定了一系列工业设计振兴计划，包括授意工业设计促进会举办日本优良设计大奖（G-MARK）、借助媒体大力宣传工业设计、从中央到地方的财税减免等。受政府战略规划的影响，日本工业设计在精密机械、光电设备、电子仪器、智能机器人等重点培育领域极其发达，例如索尼、丰田等品牌的工业设计强势打入欧美市场，在高端工业设计领域占据一席之地。

1.2.2　国内工业设计产业发展现状

改革开放以来，我国工业设计产业不断学习国际先进标准，提升公众对工业设计产业的认知，大力发展工业设

① 薛振国：《日本工业设计产业的"三维成型"过程剖析》，《艺术与设计》（理论版）2010 年第 1 期，第 209~211 页。

计教育、培育优秀的设计人才，提升产业竞争力与创新力，这一过程常常被描述为"跟随式""追赶型"发展①，通过引入国际先进工业设计理念并结合我国的实际情况，不断探索中国工业设计产业的解决方案与发展方式，建立具有中国特色的工业设计产业②。正是在全国自上而下的努力下，我国的工业设计产业以"政府先导、社会合作"的方式得到了长足发展。统计表明，工业设计4次被写入国民经济和社会发展五年规划纲要，进一步凸显了工业设计在创新驱动发展中的关键作用。

2006年，《中华人民共和国国民经济和社会发展第十一个五年规划纲要》明确提出，发展专业化的工业设计。2007年2月，中国工业设计协会朱焘理事长向温家宝总理呈送了《关于我国应大力发展工业设计的建议》。同年，国务院印发的《国务院关于加快发展服务业的若干意见》提出，要大力发展面向生产的服务业，建设一批工业设计、研发服务中心，不断形成带动能力强、辐射范围广的新增长极。2011年发布的《中华人民共和国国民经济和社会发展第十二个五年规划纲要》再次将工业设

① 柳冠中：《走中国当代工业设计之路》，《装饰》2005年第1期，第6~9页。
② 刘宁：《面向智能互联时代的中国工业设计发展战略和路径研究》，南京艺术学院博士学位论文，2021。

计写入其中，提出工业设计从外观造型向高端综合性设计转化。"十三五"规划纲要提出，设立国家工业设计研究院，实施制造业创新中心建设工程，支持工业设计中心建设，进一步明确了工业设计在创新驱动发展中的关键作用。"十四五"规划纲要提出，以服务制造业高质量发展为导向，推动生产性服务业向专业化和价值链高端延伸。聚焦提高产业创新力，加快发展研发设计、工业设计、商务咨询、检验检测认证等服务，为工业设计的发展创造更大的舞台①。

近年来，国务院和工信部高度重视工业设计产业的发展，大力发展工业设计，健全政策体系和工作体系，积极营造促进工业设计发展的社会氛围。我国工业设计行业组织体系逐渐完善，已覆盖全国大多数省份。此外，全国各类工业设计评比赛事活跃，评选出了国内具有引领性、前瞻性的工业设计成果。全国工业设计企业数量快速跃升，制造企业内部设计研发部门建设加快。我国工业设计呈现出产业化发展趋势，即以设计为引领，整合全链驱动创新。

在创新载体上，工信部先后推进"国家级工业设计

---

① 《硬核数据！2022年我国工业设计行业发展现状统计研究》，中国工业设计协会，https://www.chinadesign.cn/。

中心"和"国家工业设计研究院"的认定工作，以此树立产业标杆，对广大的工业设计企业形成引导。截至2021年底，我国国家级工业设计中心共299家，其中企业工业设计中心266家，工业设计企业33家。其中国家级工业设计中心排名前十的省份依次为山东省43个、广东省37个、浙江省32个、福建省26个、江苏省24个、上海市14个、安徽省13个、北京市12个、四川省12个、河北省12个①；国家工业设计研究院共5家，分别为中国工业设计（上海）研究院股份有限公司（数字设计领域）、浙江树创科技有限公司（中低压电气工业设计研究院）（中低压电气行业）、陶瓷工业设计研究院（福建）有限公司（陶瓷行业）、山东省工业设计研究院（烟台）（智能制造领域）、广州坤银生态产业投资有限公司（广东省生态工业设计研究院）（生态设计领域）。

截至2021年，全国省级工业设计中心超过1800家，根据已公布的2021年度全国省级工业设计中心名单，总量排前十位的省份：安徽省省级工业设计中心470家，江苏省省级工业设计中心425家，山东省省级工业设计中心340家，广东省省级工业设计中心335家，浙江省省级工

---

① 《硬核数据！2022年我国工业设计行业发展现状统计研究》，中国工业设计协会，https://www.chinadesign.cn/。

业设计中心 333 家，甘肃省省级工业设计中心 126 家，湖北省省级工业设计中心 117 家，河北省省级工业设计中心 113 家，重庆市市级工业设计中心 101 家，福建省省级工业设计中心 91 家[①]。从各省份工业设计企业数量、国家级工业设计中心数量统计结果来看，排名前四的省份为广东省、浙江省、山东省、江苏省。这四个省份的省级工业设计中心数量也居全国前列。就对工业设计中心的扶持力度而言，浙江、广东等地处于领先地位，其中浙江表现最为突出，而中部、西部省份普遍较弱。从各省份的工业设计中心横向对比分析，其普遍规模与该省份的制造业规模相当。

在创新力量上，据工信部统计，全国拥有独立工业设计部门的企业和工业设计公司综合已突破 2 万家，全国工业设计类企业超过 1 万家，专职从事工业设计的人员已超过 60 万人。其中工业设计类企业超过 1000 家的省份中排前三名的分别为浙江、广东和江苏。从统计数据来看，浙江省、广东省、江苏省的工业设计企业总数占全国的67%；广东省、山东省、浙江省的国家级工业设计中心数量占全国的 42%。工业设计发展较快较稳的省份主要集

---

① 《硬核数据！2022 年我国工业设计行业发展现状统计研究》，中国工业设计协会，https://www.chinadesign.cn/。

中在华东、华南区域，其次是华北、华中、华西地区，尤其集中在经济较发达、制造业发展较快的地区。整体来看，全国工业设计企业的发展主要受地区经济、产业、政策、人才等方面的影响。与传统制造业相比，工业设计是典型的创新密集型产业，但是与技术创新不同的是，工业设计具有低投入、高回报、风险小等特点，并且对于帮助企业提升产品价值有着重要的作用。

随着创新驱动、产业升级、制造业高质量发展等理念的提出，以及政策和市场的推动，工业设计产业具有较好的成长性与效益增长趋势，未来将会有千亿级别的市场空间。各省份都在因地制宜地探索工业设计产业发展的道路，其中以北京、上海、浙江、广东、江苏最为突出。北京是工业设计布局最早的省市，早在1995年就成立了工业设计促进中心，2013年起每年投入2000万元支持产业发展，拥有工业设计部门的一级总部企业数量突破1000家。上海是我国民族工业的发源地，与北京同样具有雄厚的资金实力及人才资源的支持，包括中国商飞在内的高端制造业，为其产业发展提供了可靠的基础，目前工业设计产业年均产值已突破700亿元。浙江是我国民营企业最为活跃的地区，当地政府高度重视工业设计产业的发展，浙江是颁布相关政策最多的省份，工业设计企业已经超过

3000 家，累计设计服务收入超过 1500 亿元，拥有包括博乐、凸凹、飞鱼、瑞德、源骏、奥格在内的著名工业设计公司。广东作为中国头号制造业大省，工业设计需求旺盛，具有良好的发展基础，工业设计企业主要集中在深圳、广州、佛山、东莞等地，建立的"小而专"的工业设计产业体系，着重服务于当地制造业，建立了包括顺德在内的工业设计城市，拥有工业设计企业超过 200 家。江苏是我国重要的工业基地，也是较早开展工业设计的省份，50% 以上的工业设计企业高度集聚且服务于当地的先进制造部门（超过 80% 的被认定为高新技术企业），目前年均主营业务收入超过 4500 亿元，单纯的产品创新收入达到 2000 亿元以上。

总体来说，近年来我国工业设计产业发展迅猛，各级政府、各企业主体以及全社会初步形成了重视工业设计的良好氛围。

1.3 工业设计产业政策回顾

21 世纪初，一方面新兴产业高效发展，另一方面传统产业高能耗、高污染、低利润率的劣势逐渐显现，社会革新传统产业的呼声日益高涨。我国也逐渐意识到工业设计产业在促进制造业转型升级、提升经济活力、增强市场竞争力等方面扮演着不可或缺的核心角色。随着我国工业化进程的不断推进，工业设计已经进入快速发展期，国家制订促进工业设计发展的指导意见，对于引导行业健康发展具有十分重要的意义。近年来，国家相继出台了系列支持工业设计发展的政策措施。为加快推动工业设计发展，2010 年工业和信息化部等 11 部门联合发布了《关于促进工业设计发展的若干指导意见》（工信部联产业〔2010〕390 号），首次把工业设计发展上升到国家层面。从国家层面推动工业设计产业发展的文件越来越多、越来越细化，各地市政府的可操作性越来越强，形成了由上到下、由点到面的系统格局，在此背景下，我国工业设计产业规模持续壮大，综合实力快速增强。表 1.1 梳理了国家层面推动工业设计产业发展的相关政策，并根据相关部门政策颁发数量绘制了图 1.4。

表 1.1　推动工业设计产业发展的相关政策文件

序号	时间	部门	文件名	主要内容
1	2006 年 3 月	全国人民代表大会	《中华人民共和国国民经济和社会发展第十一个五年规划纲要》	提出发展专业化的工业设计，并将工业设计产业定性为生态性服务业

续表

序号	时间	部门	文件名	主要内容
2	2007 年 3 月	国务院	《国务院关于加快发展服务业的若干意见》	指出发展专业化的工业设计,建立一批工业设计研发服务中心,并且明确提出给予财税优惠支持
3	2008 年 3 月	国务院	《国务院办公厅关于加快发展服务业若干政策措施的实施意见》	明确提出鼓励服务领域的技术创新,建立一批有关工业设计的技术研发中心和中介服务机构
4	2009 年 4 月	国务院	《电子信息产业调整和振兴规划》	加速提升工业设计和产品研发能力
5	2009 年 9 月	国务院	《国务院关于进一步促进中小企业发展的若干意见》	支持中小企业在工业设计等生产服务领域发展
6	2010 年 3 月	国务院	2010 年政府工作报告	大力发展工业设计等面向生产的服务业,促进现代服务业与制造业紧密融合
7	2010 年 4 月	工信部	《关于促进中小企业公共服务平台建设的指导意见》	指出工业设计作为国民经济先导产业,应起到促进"中国制造"向"中国创造"转变的作用
8	2011 年 3 月	全国人民代表大会	《中华人民共和国国民经济和社会发展第十二个五年规划纲要》	将工业设计列入高科技服务业,指出工业设计需要从外观设计向高端综合设计服务转型
9	2011 年 7 月	科技部	《关于印发国家"十二五"科学和技术发展规划的通知》	重点强调了研发设计、创新创业等服务的发展

续表

序号	时间	部门	文件名	主要内容
10	2011 年 12 月	国务院	《工业转型升级规划(2011—2015 年)》	明确大力发展以功能设计、结构设计、形态包装设计为主的工业设计产业
11	2012 年 1 月	科技部	《关于印发现代服务业科技发展"十二五"专项规划的通知》	明确提出要将工业设计的服务范围从研发拓展至产品生命周期全流程
12	2012 年 11 月	国家发改委	《国家发展改革委办公厅关于组织实施 2012 年高技术服务业研发及产业化专项的通知》	指出要加快龙头工业设计企业能力建设
13	2014 年	国务院	《国务院关于推进文化创意和设计服务与相关产业融合发展的若干意见》	推进设计产业等新型服务业与实体经济深度融合发展
14	2016 年 8 月	工信部	《轻工业发展规划(2016—2020)年》	强调企业品牌意识、自主设计意识。推进创意设计与轻工制造融合发展,明确建立一批工业设计企业,鼓励企业设立工业设计中心,建设一批具有国际竞争力的创新型企业
15	2016 年 11 月	国务院	《"十三五"国家战略性新兴产业发展规划》	明确提出工业设计产业的引领作用,指出通过工业设计推动中国制造向中国创造、中国速度向中国质量转变

续表

序号	时间	部门	文件名	主要内容
16	2017年5月	中共中央、国务院	《国家"十三五"时期文化发展改革规划纲要》	优化文化产业布局,推动创意设计、工艺美术等传统产业转型升级,推动现代服务业发展
17	2018年7月	工信部	《国家工业设计研究院创建工作指南》	到"十三五"末,在工业设计发展水平较高的地区建立一批省级工业设计研究院,培育若干国家工业设计研究院
18	2019年10月	工信部、国家发改委等十五部门	《制造业设计能力提升专项行动计划(2019—2022年)》	明确了"制造业设计能力提升"是重大战略性举措,争取在计划时间内实现工业设计研发体系建设基本完备的目标

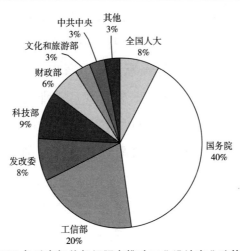

图1.4　2006年以来相关部门颁布推动工业设计产业政策数量占比

由图 1.4 可知，国务院、工信部、发改委和科技部是国家层面出台工业设计产业相关政策较多的部门。对现有的政策出台部门进行量化以及质性分析，发现：①针对工业设计产业发展的政策越来越多，规划越来越细致，各级政府的可操作性越来越强；②国家层面推动工业设计产业发展是通过制定产业整体发展规划来进行的，通常对具有共同特征的产业（文化创意产业、服务型制造业等）一并给予共性政策支持；③工业设计产业的发展目标一直是鼓励各大企业建立高端工业设计综合服务系统，改变以外观设计为主导的情况。

随着产业转型、消费升级、商业模式的更新和数字技术的驱动，工业设计已不再单一地服务于制造业，其新的价值逐渐被挖掘出来——自身的产业化发展，以设计为特色、以设计为竞争力、以设计为创新力、以设计为驱动力的企业不断涌现。工业设计产业升级的本质是创新要素的重新配置。数字技术的进步和普及、生产资料通过互联网配置，使设计师和设计服务机构能够不依赖于制造业而获得资金、生产、销售、技术等方面的资源，创意和集成能力得以直接转化为面向市场的创业项目，形成全新的 D2U（Designer to User）商业模式，改变了以制造企业为主导的传统产业链模式，设计服务机构和设计师成为创新创业的重要力量①。

1.4 工业设计产业研究意义

工业设计产业的研究意义可以分为学术层面、产业经济层面和战略层面，如图1.5所示。

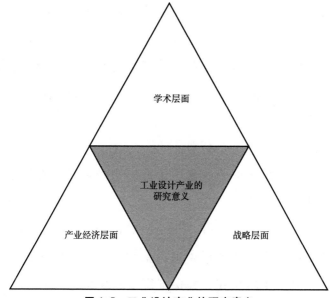

图1.5 工业设计产业的研究意义

---

① 《中国设计产业发展报告2020》，工业和信息化部工业文化发展中心工业设计部，2020。

学术层面，纵观国内外的相关研究（详细描述参见第 2 章工业设计产业研究知识图谱部分），多为质性研究，着重于厘清工业设计产业的概念，寻找产业发展的战略方向以及对社会经济的多维影响。但是针对工业设计产业的量化分析极为稀缺，大部分涉及量化分析的研究论证不严密，科学拟合也存在一定的疏漏。造成这一现状的原因是工业设计产业的研究尚处于起始阶段，而目前大多数的质性研究是为后续的量化细粒度奠定基础。本书结合前人研究成果，着重突出产业的量化分析，致力于深化学术层面对工业设计产业的研究，挖掘可以量化的数据，丰富设计理论的参考资料，为设计研究提供科学帮助。

产业经济层面，事实证明，工业设计产业的发展能够促进区域经济可持续健康发展，是创新经济发展的重要驱动力。而针对产业进行实证量化研究能够有效细化各方面因素，深入分析产业发展对社会经济的影响，为政府决策、企业发展提供理论依据。同时，针对经济运行中新兴产业的研究，是保证国民经济健康发展的重要内容。工业设计产业作为横向产业，与制造业、互联网等行业紧密联系，是革新产业结构的重要法宝。工业设计产业不仅要担负为社会经济提供创新知识的使命，还需要肩负推进生产力可持续提高的重任，而这一切都需要经过细致的产业研究来达成。

战略层面，西方发达国家的发展经验证明，一个国家的工业设计越发达，其工业竞争力越强。近代中国积贫积弱，屡经挫折，工业基础和科技实力相对薄弱，在这种情况下我国的工业设计发展曾举步维艰。《中国设计产业发展报告 2020》[①] 明确提出，中国工业设计的崛起，不是单纯的科技进步与工业发展的过程，实质上其包含着中华民族的誓死抗争与广泛的社会动员。工业设计产业的研究客观上进一步推进了对有关产业知识的探索，有利于传播相关知识，加强社会对工业设计产业的认识。研究理论成果为各级政府决策提供了科学依据，以更科学、更细致、更具操作性的方式推动工业设计产业的发展。而工业设计产业的发展将有利于推动制造业转型升级、促进经济结构优化调整，是中国制造转向中国创造的重要战略举措，是中华民族百年复兴伟大征程的重要一环，而相关研究正是为这种宏大的战略布局提供可靠支持的科学手段。

---

① 《中国设计产业发展报告 2020》，工业和信息化部工业文化发展中心工业设计部，2020。

1.5 工业设计产业研究思路

工业设计产业研究属于管理学、经济学与设计学的交叉范畴，在实证研究的过程中会运用到多学科研究方法。本书采用"概念界定——现状分析——理论构建——实证分析"的研究思路，采用工业设计产业概念界定的方式划分研究对象。在明确研究对象后，通过科学知识图谱等情报学手段分析当下国内外研究现状，深度剖析研究热点与前沿，把握研究方向，并采取量化分析与质性分析相结合的方式驱动研究取得进展。构建工业设计产业理论评价体系，为后续的量化分析奠定基础，从经济层面到社会责任层面对产业展开由表及里地深度分析。本书整体呈现出"书面概念——理论构建——经济影响——社会影响"由点到线再到面的纵深研究格局，具体研究思路如图1.6所示。

概念与现状分析：这一部分的研究集中于第1~2章，从产业的基本定义入手，深度剖析工业设计产业的概念及其内涵。梳理国内相关政策，并结合国内外工业设计产业发展现状，对概念做出细致的界定，力求精准。针对学术界研究现状采用科学知识图谱分析方法，构建工业设计产

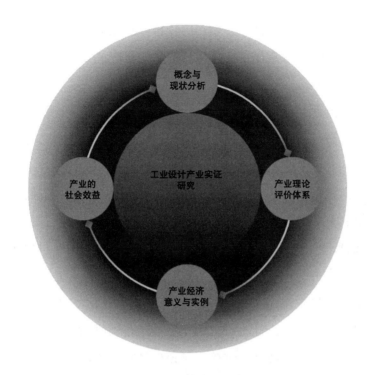

图 1.6　工业设计产业研究思路

业研究的关键词、国家、机构聚类图谱，把握当下工业设计产业研究现状。

　　产业理论评价体系：该部分的研究集中于第 3 章。工业设计产业的研究深化需要量化分析与质性分析相结合，而产业的量化分析势必需要对产业发展状况进行定量评估。采用德尔菲法、专家测评等多种方法，细化产业评价指标，使得数字化、公理化的分析方式能够得以运用。建立系统性评价指标以便作为后续量化研究的参考，是深化研究的核心。

产业经济意义与实例：该部分的研究集中于第 4～5 章。研究不仅仅需要理论层面的高瞻远瞩，更需要结合产业的实际发展状况实证理论的可靠性。工业设计特色小镇是典型的工业设计产业集聚园区，本书结合这一实例分析，充分检验理论的完整性。在实例分析的基础上，拓宽视野，考虑工业设计产业发展对区域经济的影响。包括柳冠中在内的众多知名学者明确指出工业设计产业是驱动经济高质量发展的重要引擎，如何进一步深化"产业"与"经济"两者之间的研究，不仅需要宏观层面的定性分析，更需要中观层面对产业与经济之间的耦合协调关系进行量化分析。

产业的社会效益：该部分的研究集中于第 6～7 章。工业设计产业作为高技术服务业，不仅能够起到促进区域经济效益增加的作用，更是肩负着助力制造业转型升级、促进绿色制造的社会责任与使命。立足于生产链上游的分析视角，量化工业设计产业发展对区域制造业碳排放的影响，分析工业设计产业对推动环境保护以及制造业升级的作用，并以此明晰工业设计产业的社会责任与效益。

第2章　工业设计产业研究知识图谱

工业设计产业研究是社会设计学研究的重要发展方向，对推动设计学科的发展具有重大的实践意义。工业设计产业研究应坚持以科学发展理念推动工业设计产业研究理论创新、方法创新和观点创新；积极倡导理论研究和实践研究相结合，针对现实热点问题、重大理论问题和技术难题开展具有原创性的研究。工业设计产业研究能够有效推动行业及地方经济发展和文化建设，进一步突出研究成果的应用价值，在政府决策、资源利用、环境保护、企业发展、社会建设等方面发挥独特的功能。此外，研究要充分反映相关领域的前沿进展，兼具前瞻性和原创性，避免低水平、重复性研究。

工业设计产业研究的主要内容包括：①工业设计产业发展研究；②区域性工业设计产业研究；③工业设计产业关联性研究；④工业设计产业集群研究；⑤工业设计产业与设计教育研究；⑥工业设计产业政策研究；⑦工业设计产业竞争力研究；⑧工业设计产业的基本特征与内涵；

⑨工业设计产业实证研究；⑩其他。

随着国际上兴起了发展创意产业及生产服务产业的浪潮，工业设计产业成为提高国家竞争力的重要关注点。为推动"中国制造"转向"中国创造"，相关研究得到各级政府高度重视，工业设计产业的研究地位迅速提升。

对比实际的研究状况，国内相关领域的研究显得"捉襟见肘"。本书旨在对世界范围内的工业设计产业研究成果进行文献计量分析，选取全球核心学术文献资源中以"工业设计产业"为主题的16533篇文献作为数据样本，借助CiteSpace和VOSviewer等分析软件构建了关键词、作者、期刊、国家、机构等多维度的可视化知识图谱，研究发现：①工业设计产业研究形成智能化、管理、绿色化、生态化、高效化五大知识集群；②根据文献特征可划分为萌芽期、觉醒期、扩张期、繁荣期四个研究阶段；③综合对比研究进展与产业发展现状，当前研究呈现"专业—产业—社会"的格局。

立足于已有研究成果，本书针对中国及类似国家的工业设计产业研究初步构建了一套框架。该框架包括产业研究热点以及需要重点发展的核心研究内容等，以期为该领域研究的可持续发展提供合理建议。

2.1 工业设计产业研究现状

设计学理论研究可分为元设计学、应用设计学、社会设计学三大方向，其中社会设计学的研究核心是产业设计学，当前国内在该领域的研究尚处于起步阶段，具有极大的市场空间、价值空间[1][2][3]。工业设计属于设计学的核心研究方向之一[4][5]，具有创新性、市场性、实践性的特征，是推动价值链创新、强化市场竞争力、实现产业创新升级的重要手段[6]，因而工业设计产业也成为各国政府的重点发展对象，并以此作为推动国家综合创新发展的战略驱动引擎[7][8]。中国顺应时代潮流，大力支持工业设计产业发

---

[1] 邹其昌：《对中国当代设计学建设与发展问题的思考》，《创意与设计》2020 年第 4 期，第 96~97 页。

[2] 邹其昌：《"设计治理"：概念、体系与战略——"社会设计学"基本问题研究论纲》，《文化艺术研究》2021 年第 5 期，第 53~62+113 页。

[3] 熊兴、陈文晖、王婧倩：《我国设计产业政策发展现状、趋势分析及未来思考》，《价格理论与实践》2021 年第 10 期，第 1~6 页。

[4] 王震亚、左亚雪、刘亚男、尹昌宝、宣印：《设计学的开放性概念与产业模型》，《包装工程》2020 年第 20 期，第 46~56 页。

[5] 赵伟：《广义设计学的研究范式危机与转向》，天津大学博士学位论文，2012。

[6] 徐冰、孙旭楠、周超、唐智川：《工业设计产业与制造业融合的影响因素及实证研究》，《现代管理科学》2019 年第 11 期，第 39~41 页。

[7] 严未：《工业设计产业发展指数构建研究》，浙江工业大学硕士学位论文，2020。

[8] 李曜坤：《建设现代化设计产业强国：中国设计产业高质量发展基本方略》，《装饰》2020 年第 8 期，第 33~36 页。

展，在《工业转型升级规划（2011—2015 年）》等纲领性文件中将工业设计产业列为重点培育对象，21 世纪初以来，工业设计产业迅速发展并初具规模，但仍属于产业周期论中的"形成期"，对比英美等发达国家仍处于起步阶段①，相关领域的研究尚未成熟。要推动工业设计产业研究发展，就需要厘清国内外研究现状及其演进历程，通过文献计量分析方法精确把握该领域的理论研究热点、创新点，从而以此为基础积极开拓创新。综上，本书涉及的研究内容包括以下两个主要范畴，一是工业设计产业研究现状，二是文献计量分析方法。

工业设计产业研究：该领域的研究大致分为宏观和微观两个层面。在宏观层面，结合地区的实际工业设计产业发展状况，进行产业研究以及政策分析。例如，林宁思根据福建当地工业设计产业发展状况提出相关转型路径②；白玉芹根据河北的经济发展状况提出将工业设计产业作为助力经济发展的核心引擎③；杨直根据山东

①　邹其昌、华沙：《美国设计产业发展模式研究》，中国设计理论与社会变迁学术研讨会——第三届中国设计理论暨第三届全国"中国工匠"培育高峰论坛，2019。

②　林宁思：《创新驱动下福建工业设计转型升级策略研究》，《科技创新与生产力》2021 年第 10 期，第 14～17+22 页。

③　白玉芹：《以工业设计带动河北制造业提升的模式与路径研究》，《经济论坛》2020 年第 6 期，第 28～35 页。

的产业分布情况详细分析了工业设计产业与制造业融合情况①。在微观层面，深入研究如何提升产业生产效率以及实现新兴技术突破，该层面的研究众多且呈现出学科多元交叉的倾向，研究成果相当丰硕，包括从计算机大数据角度展开，倡导智能设计②③④⑤⑥⑦；从环境保护角度展开，倡导绿色设计、生态设计⑧⑨⑩⑪；等等。

　　文献计量分析方法：该方法集数学、统计学、文献学

①　杨直：《工业设计产业与制造业互动发展研究》，《山东工业技术》2018年第 11 期，第 57 页。

②　刘捷：《基于产品功能的外观配色人工智能设计方法研究》，《长春师范大学学报》2021 年第 10 期，第 38~44 页。

③　杨智渊、杨文波、杨光、杨昌源：《人工智能赋能的设计评价方法研究与应用》，《包装工程》2021 年第 18 期，第 24~34+62 页。

④　刘宁、杨芳：《智能互联时代的工业设计创新发展研究》，《包装工程》2021 年第 14 期，第 101~107 页。

⑤　郑司南、张宇：《智能设计在轻工业产品设计的应用》，《轻纺工业与技术》2021 年第 5 期，第 108~109 页。

⑥　Hu J. H. , Lai S. L. , "Intelligent Packaging Development Based on the Design Perspective," *ISDEA*, 2013（50）, pp. 901-904.

⑦　Dolsak B. , Novak M. , "Intelligent Decision Support for Structural Design Analysis," *Advanced Engineering Informatics*, 2010（25）, pp. 330-340.

⑧　陈媛媛：《绿色理念下的家具设计策略》，《包装工程》2022 年第 2 期，第 286~289 页。

⑨　白卓蕊、唐俐娟：《绿色设计理念在交互式包装设计中的应用》，《中国多媒体与网络教学学报（上旬刊）》2021 年第 6 期，第 183~185 页。

⑩　Diwekar U. M. , Shastr N. , "Green Process Design, Green Energy, and Sustainability: A Systems Analysis Perspective," *Computers & Chemical Engineering*, 2010（34）, pp. 1348-1355.

⑪　李翠华：《工业设计从"绿色设计"开始》，《装饰》2004 年第 3 期，第 69 页。

于一体，定量分析知识载体，构建量化的综合性知识体系。其主要分析有以下两个程序[①]，首先通过统计知识载体的各个特征数量有效评估该学科的发展状况，再分析各个特征维度下各子项的重要程度进而把握重点研究对象，上述过程最终将以可视化形式呈现。当前该方法主要作为一种统计手段被运用，通过对某一领域内的文献进行特征分析，包括文献所涉及的作者、国家、机构、期刊等因素，从而把握该领域的研究方向与进程[②③④⑤⑥⑦]。近年来，该方法已经被深度运用于某一领域研究状况的总体分析与调查，而设计学科内也出现了文献计量分析的研究成果，例

———————————

[①] Noyons E. C. , Moed H. F. , Luwel M. , "Combining Mapping and Citation Analysis for Evaluative Bibliometric Purposes: A Bibliometric Study," *J. Am. Soc. Inf. Sci.* , 1999 (50), pp. 115-131.

[②] Ellegaard O. , Wallin J. A. , "The Bibliometric Analysis of Scholarly Production: How Great is the Impact?" *Scientometrics*, 2015 (105), pp. 1809-1831.

[③] Liao H. , Tang M. , Luo L. , Li, C. , Chiclana F. , Zeng X. -J. , "A Bibliometric Analysis and Visualization of Medical Big Data Research," *Sustainability*, 2018 (10), p. 166.

[④] Donthu N. , Kumar S. , Mukherjee D. , Pandey N. , Lim W. M. , "How to Conduct a Bibliometric Analysis: An Overview and Guidelines," *J. Bus. Res.* , 2021 (133), pp. 285-296.

[⑤] 周子番、邱均平、魏开洋：《从文献计量学到"五计学"：计量学方法的演化与发展》，《情报杂志》2021年第10期，第171~178页。

[⑥] 张争、张小平：《高校图书馆信息资源建设文献计量学研究（2006年-2011年）》，《农业图书情报学刊》2012年第12期，第47~52页。

[⑦] 李燕萍：《基于共词分析的我国文献计量学研究主题分析》，《图书馆界》2012年第5期，第41~43+94页。

如，徐江等针对概念设计①和设计科学②③等领域进行文献
计量分析，构建相关知识图谱；张烈等针对交互设计的研
究进展进行文献计量分析④，把握当前世界范围内交互设
计的研究热点；黄本亮针对中国国内设计教育的发展进行
分析⑤，提出以工业设计教育为主导的发展重心；等等。

　　纵观当下全球范围内工业设计产业研究，相关成果
"捉襟见肘"，而要促进该领域的健康发展就必须有效把握
其发展脉络及研究热点，因此，工业设计产业研究的文献
计量分析亟待开展。本书旨在通过分析帮助相关学者建立
涵盖作者、国家、机构、期刊等多方面的工业设计产业研
究数据库，构建学术研究发展框架。本研究以全球范围内涉
及工业设计产业研究的核心文献为数据基础，通过科学计量
分析技术，全方位构建可视化知识图谱，深度挖掘学科研究
热点及新兴知识元，并结合中国工业设计学科的发展现状，

---

①　徐江、孙刚、叶露、徐静好：《基于科学文献计量的概念设计知识图谱
　　研究》，《包装工程》2018 年第 22 期，第 1~7 页。

②　徐江、孙刚、欧细凡：《设计学交叉研究的文献计量分析》，《南京艺术
　　学院学报》（美术与设计版）2021 年第 2 期，第 91~98 页。

③　徐江：《知识图谱视角下的设计元研究管窥》，《装饰》2019 年第 10 期，
　　第 46~51 页。

④　张烈、潘沪生：《国外交互设计学科的研究进展与趋势——基于 SSCI 等
　　引文索引的文献图谱分析》，《装饰》2019 年第 5 期，第 96~99 页。

⑤　黄本亮：《近 20 年中国设计教育研究综述——基于 CiteSpace 的文献计
　　量分析》，《创意与设计》2021 年第 1 期，第 72~79 页。

对中国以及类似国家的工业设计产业研究发展作出展望，进一步为社会设计学的发展提供有力的支持。

本章分为五个部分，其余部分安排如下。第二部分主要介绍研究数据来源以及研究方法。第三部分主要介绍实验运算结果，包括作者、国家、机构、期刊、关键词等维度的分析，并且根据可视化计算结果进一步划分知识集群。第四部分对已有的研究发现展开讨论，并提出相关建议。第五部分展示主要研究结论。

2.2　研究方法与设计

2.2.1　数据基础

本书以国际权威学术文献数据库 Web of Science 为数据来源，为保证文献数据的质量，以其中的核心文献合集作为数据基础，该数据库是目前学界公认的涵盖范围最广的权威引文索引数据库[1][2]。选取研究主题为"工业设计

[1]　石密、陈蒙贤、苑佳琳：《网络集群行为中道德情绪的研究热点及前沿趋势——基于 WOS 数据库的可视化分析》，《南都学坛》2022 年第 2 期，第 75~85 页。
[2]　杨书燕、吴小节、汪秀琼：《制度逻辑研究的文献计量分析》，《管理评论》2017 年第 3 期，第 90~109 页。

产业"（Industrial Design Industry）的文献进行模糊检索，初步检索得到 17867 篇文献，通过 NoteExpress 排除不相关文献以及会议，共获取全球范围内 1990~2022 年的核心文献 16533 篇作为研究对象。

2.2.2　研究设计

本书研究基于"知识图谱"的研究方法展开，根据已有的文献数据集，通过荷兰莱顿大学研发的可视化知识分析软件 VOSviewer[1][2][3] 和陈超美教授团队开发的 CiteSpace 引文空间软件[4][5][6] 进行综合分析，以科学计量的方法从关键词、作者、国家、机构等角度透视知识元架构，阐明工业设计产业研究的演化过程与知识分布特征。其中

---

[1]　赵潇羽、万达：《基于 VOSviewer 的建筑学科机器学习研究热点及趋势分析综述》，《天津城建大学学报》2022 年第 1 期，第 71~76 页。

[2]　朱猛男、张耀军：《新世纪以来知识图谱软件扩散规律研究——以 2000-2019 年 Web of Science 核心合集为例》，《软件导刊》2022 年第 1 期，第 176~181 页。

[3]　王伟伟、魏婷、余隋怀：《基于知识图谱的情境感知交互设计研究综述》，《包装工程》2021 年第 24 期，第 73~83 页。

[4]　陈茂清、曹小琴、赵璧、沈强：《基于 CiteSpace 的国内外设计服务产业领域知识图谱研究》，《科技管理研究》2021 年第 14 期，第 149~155 页。

[5]　杜淑幸、彭丽萍、连立麟：《基于 CiteSpace 计量分析的国外工业设计研究现状》，《图学学报》2017 年第 6 期，第 876~880 页。

[6]　令狐红英、杨钢、李筑艳：《中国设计学研究领域期刊文献计量分析》，《贵州师范学院学报》2018 年第 11 期，第 43~48 页。

本书使用 CiteSpace 软件中的余弦算法用以计算连接强度：

$$\cos(C_{ij}, S_i, S_j) = \frac{C_{ij}}{\sqrt{S_i S_j}}$$

其中，S_i 为 i 出现的频次，S_j 为 j 出现的频次，C_{ij} 为 i 和 j 的共现次数。

本书进一步结合研究热点和时间维度划分研究阶段，并根据我国工业设计产业发展现状提出合理建议，进一步为宏观维度的社会设计学研究提供支持。

2.3　研究境况可视化分析

2.3.1　发文量分布特征

通过统计文献量的年限分布情况可以有效把握相关研究的发展趋势。全球工业设计产业研究发文量呈持续增长态势（见图 2.1），从有文献记录以来相关领域研究年发文量来看，从 1990 年的 12 篇跃至 2021 年的 1805 篇。就整体发文量随时间的分布变化而言，可以大致划分为如下三个阶段：第一阶段是 1990~1999 年，该阶段年发文量增长速度缓慢，整体数量较少，大部分年份在 100 篇以内；第二阶段是 2000~2010 年，该阶段年发文量增长速度较快，整体形成一定规模，大部分年份达到 300~500篇，年均增长量达到 30~40 篇；第三阶段是 2011~2021年，该阶段年发文量呈爆发式增长态势，整体规模前所未有地扩大，甚至达到 1000 篇以上，年均增长量接近 100篇，尤其是 2018 年后发文规模呈现跨越式增长，2019 年增长量更是高达 382 篇。综上，工业设计产业领域的研究历经三个时期的持续增长已颇具规模，该领域研究已然成为全球范围内的热点。

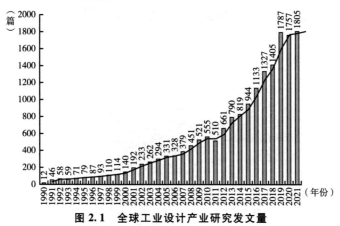

图 2.1　全球工业设计产业研究发文量

2.3.2　作者合作网络分析

通过 CiteSpace 软件对文献作者进行聚类分析，得到研究作者结构分布图谱（见图2.2）。图中颜色从深到浅依次表示时间关系从远到近，连线表示作者间的共被引关系，节点大小表示引用量的大小。图中的关系集群表明了在工业设计产业领域早期研究过程中，作者间有较强的合作关系、共被引关系，并且在早期摸索过程中研究的开展较为依赖已有成果，多为原有研究基础上的拓展。但是图中较大的节点之间关系连线较为稀疏，表明现今研究的主体已逐步由新兴学者取代。新兴学者并不高度依赖于原有研究成果，往往是自主发现研究的新方向并予以大力拓展，取得了颇具规模的研究成果，如引用量最大的作者

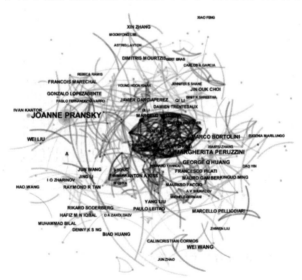

图2.2 研究作者结构分布图谱

JOANNE PRANSKY，其研究成果在近年来被大量地引用。对发文量较大的作者进行排序分析，如表 1 所示，引文量排名前 10 的作者近 10 年其成果被高频引用。上述结果充分证明了工业设计产业研究步入了高速拓展阶段，众多新兴方向的研究尚待探索。

表 2.1　作者分析

单位：次

排名	作者	年份	频次
1	JOANNE PRANSKY	2014	45
2	MARGHERITA PERUZZINI	2013	17
3	WEI WANG	2018	12
4	MARCO BORTOLINI	2017	11
5	GEORGE Q HUANG	2019	11
6	WEI LIU	2016	10
7	PAULO LEITAO	2016	9
8	FRANCOIS MARECHAL	2018	9
9	ANTON A KISS	2012	9
10	RIKARD SODERBERG	2008	8

2.3.3　国家和机构合作网络分析

通过 CiteSpace 对文献进行合作网络分析，绘制工业设计产业研究的国家结构分布图谱（见图 2.3）。为厘清各国之间的研究关系以及整理相关合作网络，本书使用 VOSviewer 软件对国家作进一步聚类分析从而得到研究国家聚类分布图谱（见图 2.4），为进一步明晰研究国家分布的空间概念，通过 SCImago Graphica 绘制研究国家地理分布图谱（见图 2.5）。图 2.3 中节点的直径表示发文量，节点最外层圆圈表示节点中心性（宽度越大，中心性越大）[①]。新时期以来该领域的研究成果呈高速增加状态，图 2.3 中左侧无论是数量还是大小均远远超过右侧，且左侧连线更为密集纤细，表明新时期该领域的研究方向不断细化，各国之间相互合作频次大大增加，而右侧的节点均是英国、法国、德国、日本等发达国家，表明该领域的早期研究由发达国家主导。发文量可以有效反映各国在该领域的研究规模大小，据统计，中美两国发文量遥遥领先，分别达到 2460 篇和 2369 篇，发文量排名前十的国家依次是中国、美国、德国、意大利、英国、印度、西班牙、法国、巴西、加拿大。节点中心性可以有效展示各国在该领域研究成果的影响力，将各国发文量以及节点中心性进行排名得到表 2.2。据统计，节点中心性排名前十的国家依次是美国、英国、法国、意大利、荷兰、西班牙、加

① 徐江、欧细凡、孙刚：《设计科学知识图谱研究——基于国家自科基金视角》，《科研管理》2021 年第 12 期，第 65~71 页。

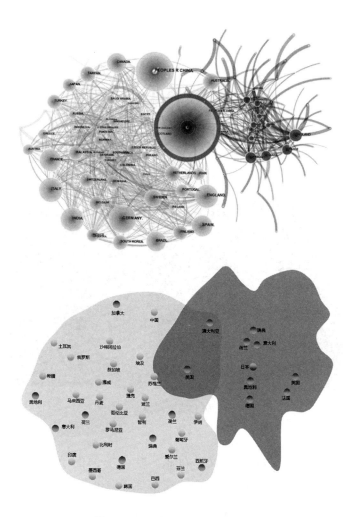

图 2.3 研究国家结构分布图谱

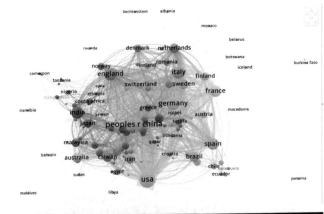

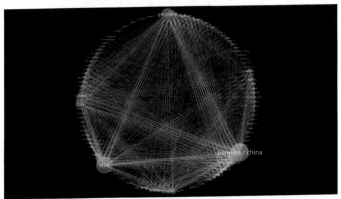

图 2.4 研究国家聚类分布图谱

拿大、瑞典、德国、澳大利亚，其中美国的节点中心性
远超其他国家，高达 0.78，是第二名英国（0.09）的近
8.7 倍。由图 2.5 可知，美国在工业设计产业研究领域无
论是规模还是影响力远超其他国家，且其研究贯穿了该

图 2.5　研究国家地理分布图谱示意

领域发展的全过程，是毋庸置疑的核心力量。当前的研究仍是以发达国家为主导，中国、印度、巴西等发展中国家进步迅速，研究规模持续扩张，成为拓展该领域的重要力量。但是在研究重要性、影响力方面，近乎仍由发达国家主导，即使是节点中心性排第十名的澳大利亚，也达到了 0.02，是中国（0.01）的 2 倍，深刻表明了在工业设计产业研究领域欧美等发达国家仍然是主导者，相比之下以中国为代表的发展中国家在该领域有巨大的进步空间。

表 2.2　研究国家节点中心性以及发文量分布

国　家	发文量(篇)	节点中心性
中　国	2460	0.01
美　国	2369	0.78
德　国	1158	0.03
意大利	941	0.04
英　国	932	0.09
印　度	870	0.00
西班牙	804	0.04
法　国	638	0.05
巴　西	513	0.01
加拿大	504	0.04
瑞　典	431	0.04
澳大利亚	397	0.02
荷　兰	374	0.04
韩　国	328	0.01
葡萄牙	310	0.01

　　采用同样的计量方法选取 Pathfinder 路径对文献资源的机构单位进行分析，得到该领域各大研究机构结构分布图谱（见图 2.6）、研究机构聚类分布图谱（见图 2.7）。对研究机构的发文量以及节点中心性进行综合排序得到表 2.3。各大科研机构中发文量排序前十的依次是中国科学院（156 篇）、清华大学（116 篇）、米兰理工大学（113篇）、代尔夫特理工大学（101 篇）、丹麦科技大学（92

篇）、浙江大学（90 篇）、印度理工大学（87 篇）、查尔
姆斯理工大学（86 篇）、柏林工业大学（77 篇）、上海交
通大学（73 篇）。而根据节点中心性由高到低进行排序，
前十位依次是丹麦科技大学、慕尼黑工业大学、曼彻斯特
大学、剑桥大学、中国科学院、清华大学、米兰理工大
学、代尔夫特理工大学、查尔姆斯理工大学、南洋理工大
学。上述研究表明，在工业设计产业研究领域，目前仍然
以一批欧美高校、研究机构为主导，特别是英国、德国、
丹麦等欧洲发达国家的知名高校实力较强。发展中国家的
顶尖科研机构正在快速崛起，在整体研究成果数量方面已
经实现对欧美发达国家的赶超，其中以中国科学院、清华

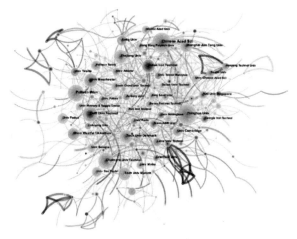

图 2.6　研究机构结构分布图谱

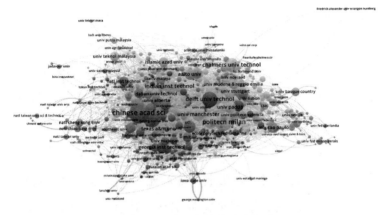

图 2.7 研究机构聚类分布图谱

表 2.3 研究机构节点中心性以及发文量分布

研究机构	发文量（篇）	节点中心性
中国科学院	156	0.03
清华大学	116	0.03
米兰理工大学	113	0.03
代尔夫特理工大学	101	0.03
丹麦科技大学	92	0.04
浙江大学	90	0.01
印度理工大学	87	0.01
查尔姆斯理工大学	86	0.03
柏林工业大学	77	0.01
上海交通大学	73	0.02
慕尼黑工业大学	66	0.04
曼彻斯特大学	66	0.04
剑桥大学	65	0.04
阿尔托大学	60	0.01
国立新加坡大学	57	0.01
南洋理工大学	54	0.03

大学为代表的一批顶尖科研机构已经实现质量上的飞跃，研究成果能够比肩国外的研究机构，但在整体质量上仍然存在一定差距。

根据上述针对研究主体的研究分析可以得出以下结论。

第一，在文献作者的分布上，新兴学者的研究成果较为丰富，且研究独立性较强，早期学者之间合作频繁，形成了紧密的学术网络，表明了工业设计产业研究领域尚有极大的开发空间，支持新兴学者开拓新方向并予以深耕。

第二，在研究国家主体的分布上，欧美等发达国家是研究的主导力量，尤其是美国的研究水平远超世界其他国家，发展中国家在研究数量上进步迅速，但是在质量上仍有相当差距。

第三，在研究机构的分布上，欧洲发达国家的高校和科研机构是主导力量，我国的部分顶尖高校、科研机构也开始崭露头角。

对比第二点与第三点可以发现，尽管美国占据了该领域绝对的主导地位，但是其相关科研机构的表现较欧洲各国偏弱，充分证明了工业设计产业研究不仅依赖于科研机构的发展，也受到社会经济、研究资源分布、政策支持等各方面因素的影响。

2.3.4 学术期刊引用分析

期刊在研究范围内的影响力取决于其引用量及出版量。对学术期刊引用量、发文量的分析有助于把握工业设计产业研究的前沿学术动态，捕捉该领域与其他学科的交叉情况。本书将文献数据导入 VOSviewer 软件，分析得到发文量排名前十位的期刊（见表 2.4）以及期刊引用分布图谱（见图 2.8）。根据表 2.4 可得，发表文章最多的前五大期刊依次是 Journal of cleaner production（303 篇）、International journal of advanced robotic systems（127 篇）、Applied sciences basel（113 篇）、International journal of production economics（82 篇）、Computers in industry（77 篇）。平均引用量排名前五的期刊依次是 Journal of manufacturing technology management（3.33）、International journal of production economics（3.23）、Journal of manufacturing systems（2.84）、International journal of production research（2.53）、Computers in industry（2.18）。根据期刊发文量以及平均引用量排名可以发现，工业设计产业研究与环境保护、绿色生产、智能制造、计算机大数据等领域紧密结合，表明当下工业设计产业与社会产业链紧密融合，其作为交叉学科的特征愈发明显，尤其是与以计算机大数据为核心的智能化设计、以环境保护为主体的绿色化设计结合紧密。

表 2.4　工业设计产业研究期刊

期刊	发文量(篇)	引用量	平均引用量
Journal of cleaner production	303	373	1.23
International journal of production economics	82	265	3.23
Computers in industry	77	168	2.18
International journal of advanced robotic systems	127	153	1.20
Journal of manufacturing technology management	46	135	3.33
Applied sciences basel	113	131	1.16
Journal of manufacturing systems	38	108	2.84
Robotics and computer-integrated manufacturing	52	92	1.77
Computers & industrial engineering	47	89	1.89
International journal of production research	34	86	2.53

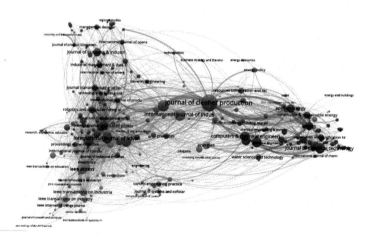

图 2.8　期刊引用分布图谱

2.3.5 研究热点分布

关键词是文献研究的重点，反映的是文献的核心内容与主旨，因此针对文献资源的关键词进行研究可以有效挖掘研究热点，厘清该领域的主体研究内容。本书将文献数据导入 CiteSpace 进行聚类分析，得到关键词聚类图谱（见图 2.9）。为更好地划分有效知识集群，明确研究的主要知识模块，再次将数据导入 VOSviewer 软件，选取"AllKeywords"分析，摘取词频大于 3 的关键词，共得到7160 个关键词、10 个聚类群，并在此基础上选择连线强度较强的前 3000 个关键词予以展示。通过 VOSviewer 软件，进一步针对已有的结果进行聚类划分，得到五大类知识集群（见图 2.10），分别是工业设计产业智能化、工业设计产业管理、工业设计产业绿色化、工业设计产业生态化、工业设计产业高效化。

工业设计产业智能化：该领域的研究应用计算机、大数据等高新技术，提升工业设计产业竞争力，同时助推社会工业化。研究过程主要包含以下两个方面：一是智能化的科学技术手段助力工业设计产业变革，通过将大数据、物联网、人工智能等新兴技术融入工业设计，通过开发新型计算机软件工具大幅提升工业设计产业的生产效能以及

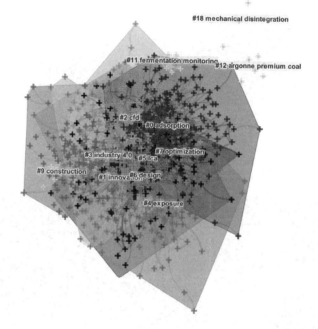

图 2.9　关键词聚类图谱

创新能力，全面推进工业设计产业数字化、现代化，使相关产业具有更强的市场竞争力；二是通过工业设计产业的智能化进一步推进社会工业化，全面助力第四次工业革命，包括以工业设计产业为引擎推动制造业产业链、价值链升级，如打造"服务型制造"模式、全面提高社会创新能力等。

工业设计产业管理：该领域属于工业设计与管理学、

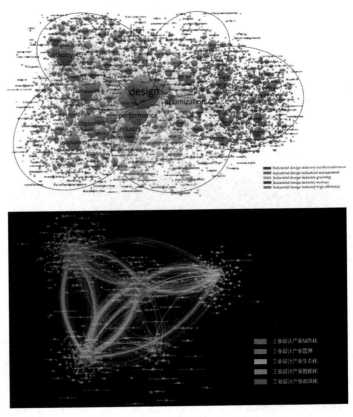

图 2.10　工业设计产业研究热点共现图谱

微观经济学、产业经济学的交叉方向①，重点在于建立针
对工业设计产业的科学化、系统化管理体系，以实现其健

---

① 魏惠兰、管顺丰：《设计管理学的演进路径与建构空间研究》，《设计艺
术研究》2019 年第 6 期，第 26~30 页。

康发展并提升社会服务能力。研究过程主要包括以下两个
方面：一是针对工业设计产业的管理主体，包括对政府、
工业设计协会等，运用管理学理论并结合工业设计产业特
征对其职能进行规范，保证能够对产业形成精准、科学、
高效的管理；二是针对工业设计产业的管理制度、评价体
系，运用统计学、产业经济学的手段建立合理的数学模
型，以此实现对产业各项指标的有效评估，在此基础上运
用管理学理论制定符合当前情况的管理制度。该方向是设
计管理学的重要分支①，并与市场经济深度交融，受到政
府部门的高度重视，因此一直是研究的热门方向。构建符
合中国国情的工业设计管理体系，既是当前国内研究的热
点，也是设计理论本土化、提升中国工业设计产业竞争力
的时代趋势②③。

　　工业设计产业绿色化：该领域主要通过建立低碳、环
保的工业设计产业链生态体系，引入绿色设计手段，实现
工业设计产业绿色化发展，同时探究工业设计产业助力全

————————

①　苏溪岩：《从中国工业设计管理现状出发的设计创新要素研究》，重庆
　　大学硕士学位论文，2006。

②　邹其昌、孙聪：《美国设计理论体系发展研究——中国当代设计理论构
　　建的美国经验》，《阅江学刊》2019 年第 6 期，第 15~23+117 页。

③　邹其昌：《论中国当代设计理论体系建构的本土化问题——中国当代设
　　计理论体系建构研究系列》，《创意与设计》2015 年第 5 期，第 11~
　　20 页。

社会环保体系建立健全的路径。研究过程主要包括以下两个方面：一是工业设计产业绿色化，包括建立工业设计产业碳排放评估体系、优化设计流程、推广绿色设计等，从工业设计过程到全产业链均实现绿色化转变，大幅降低生产链的碳排放；二是环保产业的工业设计路径，侧重探究新能源、绿色催化等环保产业与工业设计产业的高效融合，用工业设计推动产业创新以增强产业实力，发展壮大环保产业，构建全社会的绿色产业链。

工业设计产业生态化：该领域是产业绿色化的宏观拓展，旨在使工业设计与生态学、社会学交叉融合，从全球生态链的视角探究工业设计产业的发展方向。研究过程主要包括以下三个方面：一是工业设计生态化，建立生态学的设计观[①]，在设计过程中倡导工业设计、用户、人类社会、自然环境"四位一体"全面考虑，得到亲和生态环境的设计产出，如基于生态链的界面设计[②]、产品设计、公共设施设计[③]等；二是产业生态化，主要研究如何构建

[①] 李君华、许志浩：《生态学设计观下的产品设计研究》，《大众文艺》2020 年第 21 期，第 53~54 页。

[②] 罗玲玲、谷晓丹、陈红兵：《界面设计的生态学基础》，《自然辩证法研究》2016 年第 7 期，第 52~56 页。

[③] 王莉莉、杨正：《公共设施在工业设计改造中的生态学研究》，《包装工程》2007 年第 12 期，第 212~214+223 页。

符合生态学要求的工业设计产业链，建立管理生态化、生产生态化、运营生态化的耦合协调产业系统[①]；三是结合前面两点，在实现工业设计过程及产业自身生态化的同时构建全社会生态链，研究搭建和谐社会生态链的工业设计模式。

工业设计产业高效化：该领域重点结合设计学理论、人类学以及各技术平台，研究提高工业设计产业效率的关键技术和精确服务用户的路径方法。研究过程主要包括以下两个方面：一是搭建工具平台、数据平台，强化产业间的生产互动与对接，提高工业设计效率；二是结合人机工程领域，从人的行为、心理、尺寸等方面入手建立大型人因数据库，以设计更贴合用户的产品，从而赢得更为广阔的用户市场，提升产业竞争力。

2.3.6　研究阶段划分

工业设计产业研究至今已有 30 余年，相关成果颇丰，但尚缺乏体系化的整理归纳，而把握整体研究趋势、厘清知识发展脉络是知识图谱研究的重中之重，因此本书通过 CiteSpace 软件的时间可视化操作，绘制研究热点时序图

———————

① 张晶、王丽萍：《基于产业多样性与主导性协调的产业生态化实证研究》，《科技进步与对策》2012 年第 9 期，第 70~73 页。

谱（见图 2.11）、高密度关键词分布图谱（见图 2.12），并以此为基础将工业设计产业研究的发展划分为以下四个阶段，明晰该领域的知识体系与结构。

第一阶段：1990~2001 年，研究萌芽期。这一时期是工业设计产业研究的初创阶段，结合前文分析可知，此阶段研究以欧美发达国家为主导，研究的主要内容偏向概念界定、学科归属，侧重于解决定性问题，其中 Andreasen 等提出了工业设计产业管理的方法论[①]，Gemser 等提出了工业设计是提升产业竞争力的重要路径[②]。此阶段是研究的摸索前进期，先行者明确了产业研究的重要性，界定了相关概念范畴，从宏观角度审视研究价值以及市场空间且予以高度肯定，为后续研究奠定了理论基础，以此吸引有关学者投入工业设计产业研究。

第二阶段：2002~2010 年，研究觉醒期。这一时期工业设计产业研究在学术界开始受到重视，文献增长速度加快。研究主体上，以中国、印度尼西亚、巴西为代表的一批发展中国家开始参与其中。研究内容开始与管理学、产

---

① Andreasen M. Myrup, "Design Methodology," *Journal of Engineering Design*, 1991, 2（1）, pp. 4-6.

② Gemser G., Leenders, MAAM, "How Integrating Industrial Design in the Product Development Process Impacts on Company Performance," *Journal of Product Innovation Management*, 2001, 18（1）, pp. 28-38.

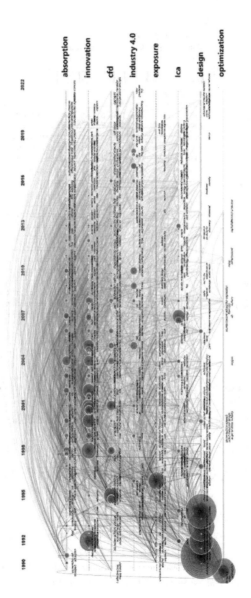

图 2.11　研究热点时序图谱

Keywords	Year	Strength	Begin	End	1990~2022
exposure	1990	11.69	1991	2014	
simulation	1990	7.4	1995	2006	
industry	1990	8.25	1996	2003	
system	1990	6.98	1997	2005	
mixture	1990	7.35	2002	2008	
reactor	1990	6.72	2003	2016	
organization	1990	7.73	2004	2014	
firm	1990	10.84	2007	2014	
product development	1990	8.1	2008	2013	
culture	1990	8.06	2008	2016	
knowledge	1990	6.84	2008	2013	
product	1990	10.48	2009	2015	
control system	1990	6.7	2010	2012	
enzyme	1990	6.69	2011	2016	
size	1990	7.12	2013	2015	
work	1990	6.92	2013	2014	
emission	1990	9.08	2014	2017	
internet	1990	16.86	2018	2022	
iot	1990	10.62	2018	2020	
thing	1990	10.25	2018	2022	
big data	1990	15.29	2019	2022	
industry 4.0	1990	14.68	2019	2022	
future	1990	13.56	2019	2022	
cyber physical system	1990	6.88	2019	2020	
microstructure	1990	6.7	2019	2022	

图 2.12　高密度关键词分布图谱

业经济学紧密结合，其中 Forslid、Midelfart[1] 等从政府的角度，发现政府的税收政策是工业设计产业发展中的决定性因素之一，Kitagawa 重点讨论了区域创新系统（RISS）及多层次产学关系（IRS)[2]。这一阶段的研究可以视为工

[1]　Forslid R., Midelfart K. H., "Internationalisation, Industrial Policy and Clusters," *Journal of International Economics*, 2005, 66 (1), pp.197-213.

[2]　Kitagawa F., "Regionalization of Innovation Policies：The Case of Japan," *European Planning Studies*, 2005, 13 (4), pp.601-618.

业设计产业研究规范化时期，众多学者聚焦产业组织和管理主体，开展中观层面的研究，为相关部门决策提供了理论依据，初步形成了工业设计产业研究的基本框架。

第三阶段：2011～2017 年，研究扩张期。这一时期工业设计产业研究规模迅速扩大，发文量呈现爆发式增长，并且在数据样本中首次出现了高被引论文（69 篇）。研究主体上，以中国为代表的发展中国家贡献了大量的研究成果。研究范围从原有的管理学、产业学开始拓展，与各个学科交叉融合，包括计算机、互联网、环境保护等。包括 Wan Jiafu、Vasilakos、Precup Radu - Emil、Hellendoorn Hans 在内的众多学者从智能化、工业 4.0、模糊控制等多方面入手，发表了大量的文献。这一阶段的研究出现多元化的倾向，众多学者积极尝试将不同学科的知识与工业设计产业相结合，使得该领域的研究空间进一步拓展。

第四阶段：2018 年至今，研究繁荣期。这一时期维持了扩张期的发文量，并保持稳定增长态势。同时，在研究质量上也获得了前所未有的突破，在不到 5 年的时间里出现了 110 篇高被引论文。在原有基础上研究内容不断深化，并继续扩展与其他学科的交叉领域，研究视角日益多元，从宏观层面的原理概念分析、中观层面的管理制度到微观层面的技术革新，实现多点突破。这一阶段的研究呈现多元、纵深的倾向，在工业设计产业研究范围不断扩大的同时深化研究范式，由此可见研究逐步走向成熟。

2.4 "专业—产业—社会"研究格局

2.4.1 研究结果讨论

通过上述研究可以发现如下结果。①工业设计产业研究领域的发文量增长具有阶段性特征，2000 年前后明显增加，2011 年前后进入爆发性增长阶段。②早期研究以欧美发达国家为主，近年来以中国为代表的发展中国家进步明显，但是在质量上与前者相比仍然有一定差距，美国在该领域的研究处于绝对主导地位。③在研究机构分布上，以欧洲发达国家的高校、科研机构为主，以中科院、清华大学为代表的发展中国家的科研机构进步迅速。④当前国际范围内研究内容主要分为工业设计产业智能化、工业设计产业管理、工业设计产业绿色化、工业设计产业生态化、工业设计产业高效化五个知识集群，各知识群均是源于学科高度交叉，呈现从专业到产业再到全社会的研究格局（见表 2.5）。⑤30 余年的研究历程呈现四个阶段，分别是侧重概念框架界定的研究萌芽期（1990~2001 年）；

表 2.5　"专业—产业—社会"研究格局

知识集群	专业	产业	社会
工业设计产业智能化	大数据、物联网、人工智能等新兴技术融入工业设计,提高创新能力	推进工业设计产业数字化、现代化,使相关产业具有更强的市场竞争力	通过工业设计产业智能化进一步推进社会工业化,全面助力第四次工业革命
工业设计产业绿色化	推广绿色设计,实现工业设计过程中的绿色环保	从工业设计过程到全生产链均实现绿色化的转变,降低生产链的碳排放	与环保产业高效果融合,发展壮大环保产业,构建全社会的绿色产业链
工业设计产业生态化	形成生态学的设计观,倡导工业设计、用户、人类社会、自然环境"四位一体"全方面考虑	构建符合生态学的工业设计产业链,建立管理生态化、生产生态化、运营生态化的耦合协调产业系统	构建全社会的产业链,研究搭建和谐社会生产链的工业设计模式
工业设计产业高效化	通过搭建平台、建立数据库等方式大力提升工业设计水平	设计更贴合用户的产品,从而赢得更为广阔的用户市场,提升产业竞争力	实现工业设计产业高效化的同时辐射周边产业,全面提高生产链运行效率,促进社会生产发展
工业设计产业管理	建立针对工业设计产业的科学化、系统化管理体系	科学管理、科学规划工业设计产业,实现其健康发展并提升社会服务能力	推广工业设计产业管理模式,建立创新型产业管理模式,科学发展创新产业体系,为社会的生产发展注入活力

侧重中观层面研究的研究觉醒期（2002~2010年）；多元交叉融合研究的研究扩张期（2011~2017年）；深化成熟的研究繁荣期（2018年至今）。

针对第一点，从发文量的变化可以看出，工业设计产业研究与该产业的发展是紧密相关的。21世纪以来，以中国为代表的发展中国家经济实力快速增强，创新型经济进一步发展，而欧美各国新经济发展也进入春天[1][2]，以服务业为代表的第三产业成为社会经济的主导，活跃的经济环境使得工业设计产业发展迎来高潮，而相关领域的研究也迅速推进。

针对第二点，可以从前文的分析中看出，以中国为代表的发展中国家在研究规模上已经实现对欧美国家的赶超，但是在研究质量上仍有相当差距。从历史原因来看，欧美发达国家在该领域抢占了研究先机，在20世纪60年代就已经涉足工业设计产业研究，而当时发展中国家的工业设计产业甚至尚未成形，能够支撑研究的数据样本无论是质量还是数量皆远远落后于发达国家。美国在该领域的研究中占据绝对主导地位，其研究影响力远远超过其他

---

① 杨义申：《21世纪中美日的世界经济战略分析》，《东北亚经济研究》2018年第3期，第38~61页。

② 刘鸿亮、曹凤中：《21世纪经济与环境协调发展全新思维模式的建立》，《环境科学研究》2006年第4期，第148~153页。

国家。

结合第三点可以发现，在以欧美发达国家为主导的研究格局下，相当一部分发展中国家的研究机构开始崭露头角，甚至超越了绝大多数的欧洲研究机构。这也印证了工业设计产业研究领域的实践性和社会性，并不是单纯依赖于学术机构的贡献，而是包括社会多方面因素在内的综合拓展，不可忽视的是发展中国家研究实力的快速增长，将会在未来逐步追赶甚至超越相当一部分发达国家。

针对第四点，该领域研究的五大知识集群充分证明了设计学科的交叉性质，而产业研究的社会属性也得到了充分体现。该领域的学科知识应用不仅仅局限于学术层面，而是能够有效指导生产发展，从而进一步影响社会发展。这表明，作为设计学科延伸的社会设计学，在符合设计学构架的前提下可以被认定为一门社会科学。

针对第五点，该领域的研究趋于稳定，有往纵深方向发展的趋势，是研究转型的关键期，要实现研究的深化与超越，把握当下的时间隘口尤为关键。当前工业设计产业研究热点大致分为三条主线：第一条以深化管理评价体系为主导，旨在构建宏观层面的产业体系，以"工业设计产业管理"知识集群为代表；第二条以提高产业生产效率与完善生产格局为主导，以"工业设计产业智能化"

"工业设计产业高效化"知识集群为代表；第三条以环境
保护、绿色发展为主导，以"工业设计产业绿色化""工
业设计产业生态化"知识集群为代表。其中第二、第三
条主线为当前的研究热点，是孕育大量研究成果的基础，
而第一条主线作为产业的核心，是提升产业竞争力与拓展
研究深度的基础。

2.4.2　工业设计产业研究发展建议

微观工业设计产业研究方向：近年来，以互联网、大
数据、云计算、软性制造、物理信息系统等新一代信息技
术为支撑的新型工业设计以用户需求为出发点，通过集成
新技术、新材料、新工艺、新业态，将技术创新、产品创
新和服务创新有机地融为一体，具有网络智能、绿色低
碳、超常融合、开放创新、共创分享等重要特征，因此工
业设计产业研究需要突破以往工业设计产业研究的狭隘范
畴，强化工业设计与物联网、大数据、云计算、虚拟仿
真、智能控制、元宇宙等学科和技术的交叉研究，重点围
绕个性化定制设计、网络设计、智能设计、绿色设计等新
型设计范式展开研究，强化工业设计专业研究人员与其他
学科研究者之间的紧密合作，强化新兴国家与发达国家之
间的产业学术交流与往来。

中观工业设计产业研究方向：工业设计是科学与艺术结合产生的新的生产力，是创新驱动发展战略的重要内容，是未来产业的核心竞争力。工业设计产业研究不能仅仅停留在理论层面，更需要将其与制造业发展紧密结合，围绕新一代信息技术、高端装备、新材料、生物、新能源汽车、新能源、节能环保、数字创意等战略性新兴产业，研究工业设计产业与制造业深度融合的推进机制，促进制造业全面融入现代产业分工体系并跻身高端价值链，提高制造业自主创新能力。重点围绕工业设计与制造业融合发展理论模型研究、工业设计融合创新发展平台体系研究、"制造+服务"的制造业设计创新发展平台体系研究等展开，工业设计产业与制造业融合研究可极大地提升工业设计在产业链中的创新引领价值。

宏观工业设计产业研究方向：社会设计学作为设计学的延伸，在当前全球化浪潮的格局下，其研究价值愈发凸显。工业设计产业的社会性研究主要包括设计整合技术、资本和生产的"设计+"发展模式，重点研究众创设计、众包设计、定制化设计、用户参与设计、云设计、网络协同设计等新型服务模式，不断提高工业设计产业社会化服务创新能力；运用互联网思维创新工业设计方式，研究以用户为中心、平台化服务、社会化参与的新型工业设计组织模式；研究以市场为导向、企业为主体、社会组织为依托，广聚设计创新资源，形成多层次、专业化、社会化、常态化的工业设计公共服务体系；围绕政府、制造业企业、设计企业、高校、研究机构展开政产学研合作，开展工业设计融合发展政策研究，探讨工业设计产业宏观发展趋势和竞争态势。

2.5　结论

工业设计产业研究属于社会设计学范畴。进入 21 世纪以来我国工业设计发展迅速，在社会经济层面，出现了包括洛可可、木马、浪尖、博乐设计等在内的一批颇具市场竞争力的工业设计公司，整体产业初具规模，并受到政府部门的高度重视，将其作为产业升级的"引擎"；在学术层面，史论研究占据主体地位，然而理论体系要实现"先进性"就必须重视前沿性研究①，而工业设计产业研究作为世界范围内新兴的理论前沿，更是有待深耕的理论沃土。就该领域的研究现状而言，以美国为首的西方发达国家仍然处于主导地位，我国相关研究虽已有长足的发

---

① 　陈嘉嘉：《改革开放 40 周年——中国工业设计发展战略研讨会综述》，《南京艺术学院学报》（美术与设计版）2019 年第 1 期，第 47~50 页。

展，但是在质量上仍显不足。就该领域的知识分布特征而言，当前研究逐渐走向成熟，在新研究方向的挖掘上仍然有较大空间。综上所述，我国工业设计产业研究正迎来巨大的机遇期，一方面虽然暂时落后于发达国家，但是仍有巨大的研究空间亟待挖掘；另一方面我国工业设计产业规模持续扩大、学术科研实力不断提升、相关学者的重视程度不断提高为进一步抢占科研高地作好了充分的准备，应结合占位研究（挖掘新方向）难度系数较低的特点，紧抓当前的时代机遇，在该领域实现研究的赶超。

第3章　工业设计产业发展状况评价
　　体系建构与实证

　　某国的工业设计产业发展状况能够较为精准地反映其经济社会发展水平，设计活动能够为现实生产提供高附加值以及相应的文化负载，是提高市场竞争力以及高质量文化输出能力的有效手段。工业设计产业的发展演变可以理解为新经济发展对知识的需求不断增加的过程，设计越来越被视为具有战略性质的竞争因素①。因此，设计被众多国家作为带动社会经济发展的关键。

　　目前，国内外工业设计产业研究主要集中在以下两个方向。一是产业与政府之间的互动关系研究，二是有助于工业设计产业健康高效发展的政策分析②。在此基础上，结合中国工业设计产业发展特征，对相关学术研究存在的

---

① 陈鸿俊：《论可持续发展战略下的工业设计》，《南京艺术学院学报》（美术与设计版）2001年第2期，第57~62页。
② 严未：《工业设计产业发展指数构建研究》，浙江工业大学硕士学位论文，2020。

问题进行归纳汇总。由 CIDA 公布的相关数据可以直观看出中国工业设计产业发展规模近几年迅速扩大，值得重视的是部分大型企业的设计水平接近于国际前沿，也反映为在国际设计类大奖方面获得的数量稳步增长。而产业发展存在的缺陷也十分明显。韩京兴针对我国工业设计产业现状的分析指出存在相关从业人员创新意识薄弱、地域空间差异大、品牌建设匮乏、产值较低等问题①。郑仁华等研究发现，我国工业设计产业基础薄弱，大量企业并未完全应用设计手段，造成了有关产业附加值低等问题②。

过去几十年，随着全球经济的中心国家发展成为知识经济体，设计研究自然而然地找到了"肥沃的土壤"。较西方发达国家而言，我国的设计发展相对落后，暂时仍处于外围，仍被认为是薄弱的、不成熟的。英国 20 世纪提出"设计立国"，欧美各国纷纷效仿，而当时我国的现代设计尚处于起步阶段。近年来，我国经济快速发展，工业设计产业作为第三产业，具有高附加值属性，为此，成为经济转型时期我国大力发展的产业。而设计作为一项文化活动，当转化为市场活动时，对其评价需要综合考虑多方

---

① 韩京兴：《工业设计产业现状及发展对策》，《大众文艺》2019 年第 4 期，第 107 页。
② 郑仁华、段潇凌：《工业设计产业促进策略浅析》，《机械》2017 年第 7 期，第 77~80 页。

面因素，而不仅仅是企业收入这一单维度的垄断因素，这就对构建符合当前市场工业设计产业发展现状的评价体系提出了要求。构建评价体系需要对多维度指数进行综合考虑，对各个指数做必要的权重衡量，科学地评判产业发展水平，并以此为基础形成稳定的量化指标。在评价体系的构建上，照搬照抄原有的理论体系是行不通的，设计作为日新月异的新兴产业，其涉及的新增变量众多，旧的理论体系可能对有关的指数估量不全，这就对建构新的评价体系提出了要求。而研究过程中涉及的实证数据量庞大、指数因素过多等都对建构新的评价体系提出了挑战。筛选具有代表性的、权重大的、意义深远的指数，构建系统、全面的指标体系是产业学术研究中通用的工具，对深入分析相应产业发展状况具有现实意义。新的评价指标体系能够更好地评估工业设计产业发展状况，也为政府的决策提供支撑，为促进产业发展制定更加完善的政策①。

目前国内尚未形成针对工业设计产业发展状况的评价体系，各类研究成果往往局限于单维度的指标研究，综合性的评价体系缺失。这些研究的定位多元化，导致以其为基础做出的产业决策缺乏整体支撑，其严谨性有待考证。

---

① 王文峰：《文化产业竞争力评价模型及指标体系研究述评》，《经济问题探索》2014年第1期，第72~76页。

因此，在探讨工业设计产业发展状况时，既要考虑现有的工业设计产业研究方向，又要区分针对企业、行业组织、高校等不同机构的评价方向，构建全面的评价体系。

我国工业设计产业发展迅速，构建相应的评价体系尤为迫切，构建合理的评价体系对于工业设计产业发展而言意义重大。本章结合工业设计产业发展状况以及设计活动的独特性，采用德尔菲法构建完整的评价体系，以创新型产业最发达的浙江地区为实证对象，在科学运用群组决策特征根法分配指数权重的基础上，检验指数评价的合理性，并提出促进工业设计产业发展的相关建议。

3.1　评价体系设计

建构工业设计产业发展状况的评价体系，应先通过综合分析工业设计产业发展的结构层次以及有关的影响因素，初步构建体系框架，再通过专家调查法对已有的标准进行检验修正，从而构建完整的、可参考的评价体系。在研究过程中，需要注意以下几点：首先，指标的合理性判断，选取清晰、明确且易于采集的产业特征作为指标，删除所占权重不大同时不易获取的指标，使得构建的体系更具操作性。其次，构建的体系需要预留修改的空间，确保体系适应工业设计产业发展形势，在产业发展中能够增添新的指标而不至于完全颠覆整个体系。

在研究的过程中，首先对能够对工业设计产业发展产生影响的因素进行分析。工业设计产业属于创意产业，结合工业设计产业的特征可以得出产业发展的主要影响因素有资源投入、产业生态环境支持、现实成果[①]。资源投入归属于产业的外部投入，在空间上包括相关的产业聚集区域数量以及相关的企业数量，在生产要素上主要体现为设计类人才流入，包括在册设计师人员数量比、整体从业人数、具有设计师资格的人员占比、专业人才年增长率等，在资本上包括企业自身融资金额、政府资助金额以及在一定程度上政策支持换算下的资本。产业生态环境支持主要是指以政府为主体对工业设计产业进行扶持，衡量的标准是相关政策数量。现实成果则包括具体的专利申请数量以及设计产品的具体产值等。根据上述影响因素，可以尝试构建评价体系。

根据上述影响因素，结合有关研究文献，确定工业设计产业评价体系的一级指标。在上述影响因素的基础上，考虑到工业设计产业属于创意类产业，创新力度是该产业

[①] 严未：《工业设计产业发展指数构建研究》，浙江工业大学硕士学位论文，2020。

发展的关键，故将现实成果的核心指标集中体现为有效的创新设计成果数量，并将其纳入一级指标[①]。产业结构评价体系中，经济效益必然是主要考虑因素，因此经济效益相关指标也应被纳入一级指标。综上所述，一级指标包括资源的投入力度、产业生态环境的状况、有效创新设计成果数量、经济效益实况等维度。二级指标和三级指标均以一级指标为标准进行细化，即可以衡量一级指标的因素成为细分指标。细分指标数量众多，二级指标包括人才状况、基础投入、产业产值、产业规模、专利产出量、设计成果交易量、竞赛获奖数、政府政策支持力度等内容。三级指标包括专业从事设计人员占比、中高级职称人员占比、设计人员从业者增长率、设计类企业数量、相关企业数增长率、产业总收入、产业利润增长率、产业固定投入产出比、专利申请数、专利受理数、举办的设计类竞赛数、设计类竞赛级别、地方财政支持量、相关政策条例数量等内容。

在初步构建工业设计产业发展评价指标体系后，需要进行修正，以使该体系达到准确、实用的要求。因此基于德尔菲法成立专家研究小组，由浙江省政府设计类相关产

---

① 朱虹：《文化创意发展指数及我国文化创意产业现状研究》，北京邮电大学硕士学位论文，2013。

表3.1 工业设计产业发展评价指标体系初选

目标层	准则层	要素层	指标层	计量单位
工业设计产业发展指数	资源投入指数	人才资源	专职从事工业设计人数	人
			中高级职称人员百分比	%
			设计人员增长率	%
		基础资源	工业设计产业园区数	个
			工业设计企业数	家
			省级工业设计中心	个
			规模以上企业增长率	%
	环境支持指数	政府投入	省级财政专项资金拨付比重	%
			地方配套资金比重	%
		政府政策	颁布和实施相关政策条例数	条
	创新成果指数	专利产出能力	专利申请数	个
			专利授权数	个
		设计成果情况	设计成果交易数	个
			设计成果转化产值	万元
		工作开展情况	设立和主办工业设计大赛数	次
			组织工业设计培训数	次
			开展设计对接活动数	次
			参加省内高校对接企业数	次
			组织企业参展数	次
			对外交流合作数	次
		获奖情况	获省级及以上设计奖项数	个
	经济效益指数	产业发展规模	产业总收入	万元
			产业利润总额	万元
			产业增加值	万元
		产业生产效率	产业产出增长率	%
			产业销售利润率	%
			产业固定资产投入产出率	%
			产业劳动生产率	万元/人

业管理负责人、高校相关研究教师、设计类企业负责人、工业设计产业园区负责人四类人员组成的16人小组，以问卷调研的形式对上述指标进行修正。对于上述指标，调查过程中设置为从1到5，共5个重要性评分等级，并采用取平均值方式对指标的重要性进行评估，辅之以标准差进行修正。经过计算，专家讨论，认为保留得分占比75%以上的指标，以奥卡姆剃刀方式对占比不高的指标进行剔除。根据经过初步问卷调研计算后得到的结果，专家组再次构建评价体系。经过实际的研究取证，原先的一级指标维度是完整的，主要针对三级指标的衡量细节进行调整。下文对该体系进行具体的描述。

资源投入指数作为一级指标，是工业设计产业发展状况的基础性评估要素，主要包括人才资源、基础资源两个二级指标，具体可以细化为专职从事工业设计人数、中高级职称人员百分比以及设计人员增长率等三级指标。工业设计产业作为创意类产业，需要人才投入，而作为产业实体，基础设施建设也是必不可少的。在具体衡量过程中各个二级指标的权重还需要进一步根据产业特征进行换算。

环境支持指数一级指标下，政府在工业设计产业发展中起着至关重要的作用。政府投入和政府政策是两个重要的二级指标。在工业设计产业发展中，国内绝大多数设计类企业的经营方式是通过承接一定的制造业或者其他行业的设计项目来获得设计费，并以此作为盈利的主要方式。因此，设计作为产品加工的一部分，其带来的效益往往难以具体地估算。某一种产品带来的利润主要由制造企业享有，而工业设计企业只是在一个相对固定的范围内收取设计费，故其规模往往不大，是作为类似于服务企业存在的。这样的产业更需要依靠政府稳定的投入来实现可持续性发展。三级指标包括颁布和实施相关政策条例数、地方配套资金比重等。

创新成果指数一级指标下，工业设计产业作为以创新为核心的第三产业，创新设计是产业得以发展的核心保障，也是推动我国设计水平提升的动力。对于有效的设计成果，一般通过专利申请状况来衡量。而设计成果集中展现的另一种场合一般是设计类比赛，设计类企业往往会参与各种设计比赛，一方面便于收集设计成果，另一方面是交流设计理念的有效途径，对提高设计师的水平而言至关重要。综上，包括专利产出能力、设计成果情况、获奖情况等二级指标。具体衡量二级指标的三级指标包括专利申请数、专利受权数、设计和主办工业设计大赛数等。

经济效益指数一级指标下，工业设计产业发展状况的评价对象是具体的产业实体，因此经济效益状况是必须衡量的重要指标，是量化固定不变的要素。与一般的产业实体状况一样，经济效益指数下的二级指标包括产业发展规模、产业生产效率两个要素。

表 3.2　工业设计产业发展评价指标体系

目标层	准则层	要素层	指标层	计量单位
工业设计产业发展指数	资源投入指数（A1）	人才资源（B1）	专职从事工业设计人数（C1）	人
			中高级职称人员百分比（C2）	%
			设计人员增长率（C3）	%
		基础资源（B2）	工业设计企业数（C4）	家
			省级工业设计中心（C5）	个
			规模以上企业同期增长率（C6）	%
	经济效益指数（A2）	产业发展规模（B3）	产业总收入（C7）	万元
			产业利润总额（C8）	万元
			产业增加值（C9）	万元
		产业产出成果（B4）	服务企业数（C10）	个
			设计成果交易数（C11）	个
			设计成果转化产值（C12）	万元
	创新成果指数（A3）	专利产出能力（B5）	专利授权数（C13）	个
		工作开展情况（B6）	设立主办工业设计大赛数（C14）	个
			组织工业设计培训数（C15）	次
			组织企业参展数（C16）	次
			对外交流合作数（C17）	次
		获奖情况（B7）	获省级以上设计奖数（C18）	个

续表

目标层	准则层	要素层	指标层	计量单位
工业设计产业发展指数	环境支持指数(A4)	政府资金投入(B8)	省级财政专项资金拨付比重(C19)	%
			地方配套资金比重(C20)	%
		政府政策(B9)	颁布和实施相关政策条例数(C21)	条

3.2　权重分配与模型构建

对具体指标权重的测算及分析实证，一般采用层次分析法。但是层次分析法要不停地根据预测的结果与实例进行对比论证，再修改原先设定的权重排序，需要庞大的指标数量以及详细的指标数据，研究资源投入量极大。而本文研究对象是整个产业体系，需要的指标数量众多，数据的统计量也过大，采用层次分析法实质上不符合研究实际情况。因此，本文采取了更加高效的群组决策特征根法进行权重的估算，建立评价体系的实体模型。

具体参考《应用数学和力学》第 11 期，由邱苑华撰写、钱伟长先生指导的《群组决策特征根法》，进行相应的指标权重换算。根据专家组对各个指标的打分，将相应的评分转置为矩阵，该矩阵的最大特征根对应的特征向量即最优结论。在处理的细节上，单根和重根需要进行具体的分类讨论。如果结果是单根，则直接得到最优结论，如果是重根，其对应向量空间范围内的指标则是认为同样的重要，可以删去重新简化矩阵再次计算，直至出现单根为止。

经过实际的排列计算，研究对象的各个评价指标的权重基本得到了确定，在此进行汇总。在4个一级指标中，环境支持指数的具体指标所占的权重最大，合计权重值达到0.252。下属的政府投入和政府政策两个二级指标的权重分别达到0.508和0.492，其他二级指标的权重则为0.320~0.508，因此从对应的二级指标权重来看，政府投入这一项位列二级指标权重之首。其三级指标中，颁布和实施相关政策条例数的权重达到1.00，地方配套资金比重的权重达到0.49，而大多数三级指标的权重为0.25~0.35，这两个指标的权重则是明显超过了这一范畴。资源投入指数的权重达到0.251。人才资源、基础资源这两个二级指标的权重分别达到0.497和0.503。其三级指标权重基本上在0.35左右浮动。一级指标中的经济效益指数和创新成果指数的权重分别为0.249和0.248。经济效益指数下的二级指标的权重偏高，产业发展规模、产业生产效率的权重分别达到0.503和0.498，但是因为实际上其三级指标数量较少且权重不大，基本上为0.30~0.35，所

表 3.3 工业设计产业发展评价指标体系

准则层	要素层	指标层	C权重	B权重	A权重
资源投入指数（A1）	人才资源（B1）	专职从事工业设计人数（C1）	0.36	0.497	0.251
		中高级职称人员百分比（C2）	0.32		
		设计人员增长率（C3）	0.32		
	基础资源（B2）	工业设计企业数（C4）	0.35	0.503	
		省级工业设计中心（C5）	0.34		
		规模以上企业增长率（C6）	0.31		
经济效益指数（A2）	产业发展规模（B3）	产业总收入（C7）	0.33	0.503	0.249
		产业利润总额（C8）	0.35		
		产业增加值（C9）	0.32		
	产业生产效率（B4）	服务企业数（C10）	0.33	0.498	
		设计成果交易数（C11）	0.32		
		设计成果转化产值（C12）	0.35		
创新成果指数（A3）	专利产出能力（B5）	专利授权数（C13）	1.00	0.331	0.248
	工作开展情况（B6）	设立和主办工业设计大赛数（C14）	0.25	0.320	
		组织工业设计培训数（C15）	0.25		
		组织企业参展数（C16）	0.25	0.349	
		对外交流合作数（C17）	0.25		
	获奖情况（B7）	获省级及以上设计奖项数（C18）	1.00		
环境支持指数（A4）	政府投入（B8）	省级财政专项资金拨付比重（C19）	0.51	0.508	0.252
		地方配套资金比重（C20）	0.49		
	政府政策（B9）	颁布和实施相关政策条例数（C21）	1.00	0.492	

以一级指标的权重排序是靠后的。创新成果指数对应的专利产出能力、工作开展情况、获奖情况二级指标的权重分别为 0.331、0.320、0.349，整体来看偏低，而对应的三级指标的权重自然也是偏低的，仅专利授权数的权重达到 1.00，其他指标的权重偏低，拉低了一级指标的权重。

各个指标的权重分布是由工业设计产业实际的性质特征决定的，而不是偶然的专家判断。其中一级指标环境支持指数权重居首位，对于创意类产业来说，政府的支持力度至关重要①。大多数的工业设计产业企业规模较小。实际上，最大规模的工业设计产业企业的年纯收入也只是千万元级别的，这就决定了该行业是依附于制造业或者互联网行业的，并不能成为独立的产业部门。设计的价值在于文化输出、创意输出，是作为文化性质的输出，而带来的盈利必然也是伴随着文化的附加值的形式，不可能类似于制造业，在工业化基础上，通过占据消费市场主体地位来获取巨额的利润。工业设计产业更加偏向于服务型产业，是为制造业革新服务的，以提高其产品的竞争力和市场占有率②。这样的产业本身体量就较小，更需要政府的支

---

① 张茜：《浙江文化创意产业区域差异与影响因素研究》，宁波大学硕士学位论文，2015。

② 徐明亮：《工业设计产业与制造业互动发展研究》，《内蒙古社科学》（汉文版）2012 年第 4 期，第 26~27 页。

持，并且作为国家文化战略的一个部分进行输出，总之政府的支持在工业设计产业发展中占据着重要的地位。在同样的逻辑下，工业设计产业的文化创意性质，加之前文所述的经营模式，决定了资源投入也是衡量工业设计产业发展状况的重要指标。盈利基于设计费的形式决定了其规模是有限的，要保证行业的健康发展就必须要予以持续而稳定的资金及相应的资源支持，否则将我国的工业设计产业发展将面临较大压力，因此相应的财政投入、基础设置配备等支持对工业设计产业发展而言也很重要①。基础资源如果完全由企业来承担，绝大多数的设计类企业将会不堪重负。Grabher 的研究表明，为创新类产业提供适当的基础设施保证，包括快速的通信网络、可靠的金融支持机构等，能够为其发展提供良好的生态环境，有利于其发展②。综上，产业生态环境、资源投入尤为关键。4 个一级指标中经济效益指数排位靠后，这是因为工业设计产业发展中政府支持是关键，而企业经营状况无论如何，其实际收益总是在一个不高的维度上徘徊的。但是作为产业实体，企

---

① 魏际刚、李曜坤：《从战略高度重视工业设计产业发展》，《中国经济时报》2018 年第 5 期。

② Grabher G. , "The Weakness of Strong Ties: The Lockin of Regional Development in the Ruhe Area," Grabher G. , *The Embedded Firm: On the Socioeconomics of Industrial Networks*, London: Routledge, 1993, pp. 255-272.

业经济效益也是产业发展中的重要因素，企业需要盈利以实现自身的发展，但是考虑到产业的性质，其排位靠后也是情理之中的。创新成果数量更接近于工业设计产业实际的经济效益，但是作为设计产业，实际的成果有别于其他的文化创意产业，因此也纳入一级指标考量。但是衡量这个指标本身就有一定的难度，对于产品的估量不仅仅是销售数量这个角度，还有文化影响、价值输出等，因此，对于有效创新设计成果的衡量具有一定的主观性①。而对于产业发展来说，研究需要从产业角度而不是设计师角度来考虑，指标设计上的确是侧重于有效设计成果。综上所述，基于对各个一级指标权重的科学分析，其下属的二级指标和三级指标也有类似于一级指标的性质，同样的性质下指标细化只是为了评价体系的量化，分析的模式是与上文一致的。

3.3　以浙江省为例的实证研究

使用上文建立的工业设计产业发展评价体系对浙江省的代表性地级市进行实证分析，作为实体模型的运用，并

---

① 侯茂章、胡琳娜、阳志清：《我国工业设计创新现状存在问题与对策》，《中南林业科技大学学报》（社会科学版）2014 年第 1 期，第 69~74 页。

对比浙江省各个地区的设计发展水平，总结各地区工业设计产业发展经验，为政府决策提供支撑，并对浙江省工业设计产业发展做出预测。将评价体系的实证结果进行合理的分析，能够反映东部发达省份各地区的实际工业设计产业发展水平，为我国的工业设计产业发展提供建设性建议。

浙江省委、省政府历来高度重视设计发展，尤其是工业设计。据浙江省经济和信息化厅 2021 年 4 月 29 日的数据，浙江省已有国家级设计中心 6 家，省级设计中心突破100 家，大中小各类设计企业在 4000 家以上。设计类企业中，获得国际大奖，如红点、iF 等设计奖的企业数量逐年增加。浙江省将设计作为"互联网+"等战略的重要组成部分，加大投入，使得浙江的设计水平提升较快，工业设计产业生态良好①。

对浙江省下辖的各个地级市以及杭州宁波市 2019 年生产总值及相关衡量指标进行分析（2020 年受疫情影响，故不采用该年度数据），得到浙江各地区工业设计产业发展评价指数。资源投入指数方面，各地区间差异较大，得分最高的比得分最低的要高 0.3642 个点。环境支持指数

———

① 沈法、雷达、麦秀好：《浙江省工业设计产业发展的问题与对策研究》，《西北大学学报》（自然科学版）2012 年第 3 期，第 509~514 页。

方面，杭州市最优，整体发展较为均衡，其该项指数得分
远远高于其他一级指数得分，只有海宁市的该指数得分较
低，刚刚突破 0.2。创新成果指数方面，杭州市、舟山
市、绍兴市等得分较为靠前，突破了 0.4，大部分地区为
0.2~0.3，地区间差异较大。经济效益指数得分与常理预
测的相同，杭州、宁波、舟山较为突出，远远超过了其他
地区，尤其是宁波市的经济效益指数得分最为突出，达到
了 0.8。综合整个浙江地区的工业设计产业发展状况来
看，宁波市发展最为强劲，超过了杭州市，而同时杭州、
宁波明显超过了其他地级市。此外，舟山市是普通的地级
市中工业设计产业发展状况最优的，如图 3.1 所示。

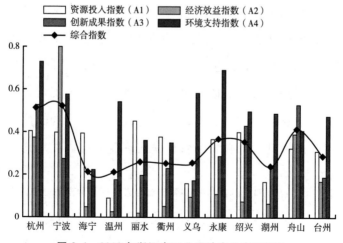

图 3.1　2019 年浙江省工业设计产业发展指数

　　结合浙江地区整体工业设计产业发展情况，下文进行实质性分析，并提出合理的建议。浙江两个副省级城市杭州市和宁波市，作为工业设计产业发展的引领者，综合指数位居浙江省首列，且明显优于其他地级市[①]。这不仅仅是浙江省的工业设计产业发展状况，更是绝大多数省份的工业设计产业发展状况，即重点城市的工业设计产业发展状况远远好于其他地级市。这也与工业设计产业本身的性质有关，其更接近于文化创意产业，因此在较大的城市综合体中发展更快，城市集群能够为工业设计产业发展提供良好的文化及人文氛围，这也是工业设计产业发展中不可或缺的一部分。同时，工业设计产业需要依靠政府的支持，因此城市集群中政策更加透明高效，也为工业设计产业发展提供了强力的支持，这是较小的地级市无法比拟的[②]。这也导致了工业设计产业集中在城市集群。此外，城市集群拥有大量的研究机构和高校，能够为工业设计产业提供可靠的人才资源保证。工业设计产业本身的性质是将人才的设计创意转化为价值来实现盈利进而发展的，因

①　黄梦：《杭州市创意产业发展研究》，山西师范大学硕士学位论文，2014。

②　康保苓、陈友军：《城市文化创意产业竞争力评价指标体系的构建及应用研究——以上海、杭州、南京为例》，《湖北理工学院学报》（人文社会科学版）2014年第1期，第37~46页。

此人才是重要的资源，也是工业设计产业持续发展的关键，这是一般地级市难以满足的，即便有高校或者研究机构，根据我国的实际国情，其质量和数量必然是不如城市集群。从除副省级市外的各个地级市的工业设计产业状况来看，温州市整体排位靠后，而舟山市"一枝独秀"，排名居前，相比之下，绍兴市的表现也同样突出。这其实也与区位条件有关，温州位于浙南，而舟山更接近杭州和宁波，就设计类资源分布来说，舟山优于以温州为代表的浙西南地区。温州市目前制造业正处于全面转型阶段，从原来家族式的小型制造加工转型为大型智能设备制造，其早先对设计的重视程度相对不足。综上，工业设计产业发展状况与区位条件有很大的关系，更重要的是与政府对工业设计产业的扶持力度以及当地的文化资源分布情况呈正态分布。

根据上文对浙江省各地区工业设计产业发展状况的分析，提出以下发展建议。首先，政府加大对相关产业的支持力度。固然工业设计产业无法像制造业一样创造巨额利润，这是由其产业性质决定的，但是作为文化战略的重要部分，其一个地区、国家对外进行文化价值输出的重要手段[1]。国家高度重视文化输出，积极革新制造业，而提高

---

[1] 郑仁华、段潇凌：《工业设计产业促进策略浅析》，《机械》2017 年第 7 期，第 77~80 页。

制造业发展水平就离不开工业设计产业。各个地级市不能仅仅局限于赋税角度，应该站在文化战略角度大力发展工业设计产业。鉴于地级市的实际财政情况，省政府应该设置专门的资金补助，保证地区间的工业设计产业均衡发展，改善目前发展不平衡情况，这也有利于工业设计产业多元化发展，更好地促进本省整体设计水平提升。重视相关设计人才的培养与引进。前文论述的设计类人才集中在高校和设计研究院，因此各地级市需要重视对高校和科研院所的设计类人才的培育工作。同时，重视对于设计类人才的引进，作为文化型人才引入，而不仅仅是以设计师的身份简单对待。研究发现，人才对江浙地区经济发展的贡献率达50%以上，相关人才的引入对科技创新的贡献也占据着核心地位[1]。其次，推动设计类企业与制造业、互联网行业融合发展。可以通过举办设计与制造融合发展学术分享会或者行业协会及产品展览等，在整个省域内形成设计与其他行业融合发展的良好生态环境。工业设计产业的价值除文化输出外，还体现为作为服务行业与其他行业紧密结合，将设计的作用转化为产品的附加值，大大提高制造业或者互联网行业的产品附加值。最后，重视知识产

---

[1] 张振杰：《江浙沪文化创意产业空间分布特征及影响因素研究》，宁波大学硕士学位论文，2017。

权保护。工业设计产业以设计活动为主，设计本身就是文化创意活动。

3.4 结论

本章采用德尔菲法、群组决策特征根法建构了工业设计产业发展评价体系，并以浙江地区为对象进行了实证分析，基于此，对于整体工业设计产业发展进行分析。工业设计产业属于知识密集型产业[①]，作为第三产业的代表，具有服务业的性质，是从中国制造转向中国创造的重要创新发展手段，应当得到各级政府的重视。工业设计产业本身具有依附性，并没有独立的对外销售能力，所以存在规模天花板问题，而工业设计产业的可持续发展，离不开政府的支持，实施文化强国战略需要各级政府重视构建有利于工业设计产业发展的良好生态。

工业设计产业具有高附加值属性[②]，单纯的制造业获得的加工利润不高，这也是饱受诟病的。中国制造业质的飞跃也需要依靠工业设计产业，通过创新、设计使得

[①] 张璐：《基于本体的工业设计过程知识表达与重用》，西安电子科技大学硕士学位论文，2014。

[②] 赵可恒：《论制造业产业升级语境下工业设计角色定位》，《包装工程》2014年第8期，第130~133页。

产品成为具有专利性质的、不可复制的产品，在国际市场上占据一席之地。品牌的建立也需要依靠设计，只有形成良好的工业设计产业生态才能打造品牌。这也意味着对于工业设计产业的支持力度需要进一步加大。

本研究是基于工业设计产业发展状况进行的，但是建构的体系仍然只是初步的，并且仅仅是针对浙江地级市和两个副省级城市进行的研究，并没有对全国各地的工业设计产业发展状况进行实证，有待进一步检验和完善。对于本研究的评价体系而言，其中一些指标的选择可能仍然具有一定的主观性，并不能完全保证绝对的客观性，还需要更多的样本容量来进行检验。工业设计产业作为新兴产业，其发展前景十分广阔，因此研究中的变量也是众多的，还需要进一步予以详细考虑。综上所述，本研究建构的评价体系还有待进一步完善，希望更多的学者予以指正。

第4章　工业设计特色小镇可持续发展水平评价研究

工业设计特色小镇是指以工业设计为中心，对相关行业进行整合，并承载其正常运作所需相关要素的城镇。由于工业设计产业具有高度的知识密集特征，工业设计特色小镇在集聚相关行业的同时，还具有集聚高密度知识的效能，进而形成一个创新载体和平台。在某种程度上，工业设计特色小镇与工业设计产业化创新载体的特性与作用是相辅相成的。

工业设计特色小镇以中国设计产业和制造业为立足点，整合全球范围内的产业资源，针对设计产业和制造产业协同发展与区域产业转型升级的需求，运用设计思维和设计理念整合产业资源、推动技术开发、引领商业模式创新，以"全产业设计创新"为基点推出具有社会创新性的系统化、平台型解决方案。工业设计特色小镇坚持可持续发展理念，是推动中国制造转向中国创造的重要抓手，是科技与艺术结合产生的新的生产力，是创新驱动战略的重要内容，是未来产业的核心竞争力。

现今的工业设计特色小镇是以共创共享的模式，打造生产与生活相结合的共赢生态，构建以共生为核心的命运共同体。未来，工业设计特色小镇将持续响应设计产业高质量发展的各项举措，构建以全产业链设计创新为核心的工业服务业生态区，以产业链联动创新链，以低碳链带动价值链、以数字链强化人才链，全面赋能助推产业转型升级、科技成果转化、创新创业发展，搭建工业设计特色小镇为全国设计创新研发助力的新模式。

从实践发展的角度来看，目前我国的工业设计特色小镇建设已初见成效，出现了一批包括烟台国际工业设计小镇、余杭梦栖工业设计小镇、武汉 D+M 工业设计小镇等在内的各具特色的工业设计小镇。从理论研究方面来看，当前已有不少对特色小镇的典型性研究，但聚焦工业设计特色小镇这一细分领域的研究相对较少。而工业设计特色小镇是工业设计产业的重要聚焦形式之一，其研究作为产业细分的实例具有宝贵的理论意义与实践意义。

4.1 特色小镇理论背景与研究现状

工业设计作为现代制造业的起始环节，在很大程度上决定了后续环节的执行方向和具体任务，对国家工业发展起关键性的引领作用，在一定程度上成为反映国家地区经济发展水平的风向标。工业设计的发展离不开创新载体的存在，工业设计特色小镇就是诸多创新载体中的一种，并凭借其在人才集聚、资源协调和生态友好等方面的优势，逐渐获得学界和产业界的关注。

特色小镇是城镇化改革中出现的一种新形态经济模式，工业设计特色小镇是这种新形态经济模式中的一个细分类别。就工业设计小镇这一群体而言，其是以工业设计产业的集聚为基础，吸引相关企业、组织、人员入驻的创新平台；就具体小镇而言，则因各地的不同而有所差异。作为新时代背景下出现的新产物，工业设计特色小镇整体上还处于初级阶段，在发展上缺少可复制的案例和经验，在可持续性上也缺少相应评价体系，因此难以及时发现当前阶段存在的问题并予以针对性解决，实现较高速的可持续发展。解决这一问题的关键在于构建工业设计特色小镇可持续性发展评价体系，只有建立了科学、完善的评价体系，才能更好地发现并解决当前发展过程中所存在的问题，实现快速发展，为我国的工业设计产业发展和经济进步贡献力量。

本章以国内外特色小镇建设发展的相关经验为基础，

综合产业发展、经济发展和可持续发展等相关理论，采用文献研究、德尔菲法等方法构建评价体系，使用群组决策特征根法、综合指数评价法和耦合协调度模型法确定指标权重并构建模型，并以余杭区梦栖小镇为例进行实证研究，提出有针对性的对策建议。

4.1.1　工业设计特色小镇

4.1.1.1　概念界定

马克思在 18 世纪中期就提出"乡村城市化"的概念①。卫龙宝等认为特色小镇是一种现代化群落，以某一个或多个特色产业为基础，集聚了相关组织、机构与人员，形成了一定的特色与文化氛围，并且具有明确的产业定位、文化内涵，是一种能够综合发展的空间平台，是生态、生产、生活能够有机融合的生态圈②。综合来看，特色小镇是由特色产业及其管理运营、文化等共同构成的连续有边界空间，即特色产业是小镇的内容，小镇是特色产业的载体。

工业设计特色小镇即以工业设计产业为核心，对关联

---

① 屈婷：《马克思的城乡分工理论与中国的城市化道路》，南开大学博士学位论文，2012。

② 吴一洲、陈前虎、郑晓虹：《特色小镇发展水平指标体系与评估方法》，《规划师》2016 年第 7 期，第 123~127 页。

产业进行整合，并承载其正常运行所必需相关要素的城镇。工业设计产业具有知识密集型特性，工业设计特色小镇在聚集相关产业的同时也聚集了高密度的知识，成为工业设计的创新载体和平台。因此，工业设计特色小镇兼具特色小镇和工业设计产业化创新载体的特性和功能，在一定意义上是两者的重合与叠加。

4.1.1.2　研究现状

从实践发展的角度来看，当前我国的工业设计特色小镇建设已取得了一定的成效，出现了一批各具特色的工业设计小镇，如烟台国际工业设计小镇、余杭梦栖工业设计小镇、武汉 D+M 工业设计小镇等。这些特色小镇在体现各地文化特色的同时也维持了相对一致的功能导向：定位人才聚集、资源聚合、政策聚焦、产业聚变四个方面，并在推动工业设计产业和区域经济发展上发挥了重大作用。

从理论研究方面来看，当前学界对特色小镇的研究已较为丰富。温燕等从核心竞争力视角研究影响特色小镇发展的主要因素[1]，王铮从产业集聚视角研究特色小镇的发展状况评价[2]，王志文等从产业融合的视角对特色小镇进

---

[1]　温燕、金平斌：《特色小镇核心竞争力及其评估模型构建》，《生态经济》2017 年第 6 期，第 85~89 页。

[2]　王铮：《特色小镇建设任重而道远》，《宁波经济》（财经视点）2017 年第 1 期，第 31 页。

行研究①，但聚焦工业设计特色小镇这一细分领域的研究还较少，面临理论研究无法满足实践需要的困境。

4.1.2 可持续发展理论

4.1.2.1 概念界定

"可持续性"的概念最早源自人类对林、渔、矿等可再生和不可再生资源的认识。随着人类对生态规律认知的深化，现代的可持续性概念开始出现。对"可持续发展"的明确界定最早出自 1987 年的《布伦特兰报告》：倡导在不损害后代满足自身需要的能力的情况下，满足当前需要的发展，实现代际间的公平②。其基本要义包括以下五点：合理开发和利用自然资源、实现经济和生态的协调发展、变更传统的生产和消费方式、代际公平、建立新的道德观和价值观，倡导人与自然的和谐。当前，可持续发展理论已经成为一个广泛的概念，包含生态、经济、社会三方面，强调"人口、资源、环境、发展""四位一体"总协调③。

---

① 王志文、沈克印：《产业融合视角下运动休闲特色小镇建设研究》，《体育文化导刊》2018 年第 1 期，第 77~81 页。

② "Our Common Future," World Commission on Environment and Development, 1987.

③ 牛文元：《可持续发展的中国行动》，《中国生态文明》2016 年第 5 期，第 18~19 页。

在经济领域，可持续发展要求通过提升经济发展质量实现绿色增长，这一过程中资源利用率的提高、对可再生资源的开发会反作用于经济，促进经济的持续和再增长，实现经济生态的正向循环。在社会领域，可持续发展要求通过经济发展改善人的生活质量、实现社会的良好发展。

因此，在可持续发展理论中，生态、经济和社会的可持续分别扮演了前提、过程和最终目的的角色。

4.1.2.2　研究现状

"可持续性"概念出现较早，但"可持续发展"正式成为一门学科是在1987年。巴比尔等人在这一年发表了一系列以经济、生态可持续发展为主题的论文，《布伦特兰报告》也在这一年正式提出可持续发展的理念。经过多年的发展，该领域已有明确的研究内容和研究方法。

从核心观念来看，可持续发展观主要包括以下三点：人与自然共同进化、世代伦理、效率与公平的意识形态目标①。从理论来看，可持续发展主要包括以下三个体系：生态与可持续发展、经济与可持续发展、社会与可持续发展。同时，其修正了之前对环保的过分强调，主张"既要生存又要发展"，使得其更容易为发展中国家所

---

① 郝辑：《中国人类可持续发展水平的空间分异格局与影响因素研究》，吉林大学博士学位论文，2021。

接受。从评价指标体系来看，可持续发展理论建立了以目标为导向的综合管理系统，强调"资源—生态—经济"的可持续发展，通过对资源、生态和国民经济进行综合核算来弥补国民经济核算体系存在的不足。

4.1.2.3 特色小镇和可持续发展

4.1.2.3.1 概述

先前的城镇化建设通常侧重于单一产业的发展，忽视了配套产业链的打造，导致城镇的抗风险能力和市场适应力不强，无法实现可持续发展。特色小镇提供了一种新的城镇化模式，在发展特色产业的同时整合配套产业，构成一个小生态体系，通过产业间协调合作，实现降本增效、提升市场适应力和竞争力的效果。从这一点来看，特色小镇模式本身就蕴含了经济可持续发展的观念与可能。同时，特色小镇的建设奉行以人为本的观念，这就对生产生活质量和生态环境建设提出了较高的要求，以实现人与产业、环境、社会的协同发展。从这一点来看，特色小镇的模式又包含了生态和社会可持续的内容。

综上所述，特色小镇与可持续发展有着天然的密不可分的联系，但这只是理论层面的关联，在实际的建设和运营过程中，特色小镇实现可持续发展的落脚点还在特色产业上。

　　小镇通过不断提升内部产业的创新研发能力、资源利用效率和从业人员的生产力来实现产业竞争力的提升，从而推动小镇的经济可持续发展，生态和社会的可持续发展也因此受益。这一过程又会增强小镇对相关人才、技术和产业的吸引力，使其向小镇聚集，为产业的可持续发展提供持续动力。以上过程的循环往复是实现特色小镇可持续发展的现实路径。

4.1.2.3.2　研究现状

　　当前学界对特色小镇可持续发展的研究已较为丰富，总体可归纳为以下三种研究视角：一是核心竞争力视角。王晓洋从核心竞争力视角出发研究苏州市特色小镇的可持续发展路径并提出针对性建议[①]。徐苏妃等基于复杂系统理论对广西特色小镇的发展进行评估和建议[②]。二是产业集聚视角。薛珂基于产业集聚视角对我国特色小镇的发展路径进行研究，将特色小镇发展分为宏观、中观和微观三个层面[③]。三是创新生态系统视角。张敏从创新生态视角

---

①　王晓洋：《特色小镇商业建设模式及可持续发展路径——以江苏苏州市为例》，《商业经济研究》2019年第4期，第162~164页。

②　徐苏妃、张景新：《基于复杂适应系统理论的广西特色小镇发展评估与对策》，《桂林航天工业学院学报》2017年第4期，第404~410页。

③　薛珂：《产业集聚视角下我国特色小镇发展路径研究》，天津城建大学硕士学位论文，2018。

对特色小镇的演化路径进行研究，并将这一过程划分为四个阶段①。高树军则以青岛海青茶园小镇为例进行特色小镇的建设发展研究②。

从特色小镇可持续发展的评价体系研究来看，研究者均从多维视角进行研究，通过对影响因素的梳理归纳构建相对全面科学的评价体系，继而通过合适的方法计算指标权重并构建评价模型。如吴一洲等从基本信息、发展绩效和特色水平三个维度构建特色小镇可持续发展的评价体系③；潘静波从发展指数、生态环境、制度建设、规划管理、服务能力、互联网发展六个层面构建金融小镇可持续发展的评价体系④；董兴林等从经济环境、社会环境和资源环境三个层面构建出特色小镇可持续发展的评价体系⑤。

从研究方法来看，研究者通常综合多种评价方法进行

① 张敏：《创新生态系统视角下特色小镇演化研究》，苏州大学硕士学位论文，2018。
② 高树军：《特色小城镇建设发展研究——以青岛海青茶园小镇为例》，《农业经济问题》2017年第3期，第40~44页。
③ 吴一洲、陈前虎、郑晓虹：《特色小镇发展水平指标体系与评估方法》，《规划师》2016年第7期，第123~127页。
④ 潘静波：《二维视角下金融类"特色小镇"的培育指标体系构建——以杭州市为例》，《经贸实践》2016年第20期，第31~32页。
⑤ 董兴林、牛春云：《青岛西海岸新区特色小镇可持续发展评价研究》，《青岛农业大学学报》（社会科学版）2017年第1期，第40~45页。

研究，以规避单一方法的不足。其中常用的方法主要有群组决策特征根法、BP 神经网络、层次分析法、耦合协调度评价法、数据包络分析法等。

虽然当前对特色小镇可持续发展的研究较多，方法和视角也较为完善，但这些研究更多的集中于特色小镇这一整体或其他细分领域的特色小镇，对于工业设计特色小镇的相关研究存在不足，对于如何评价工业设计特色小镇的可持续发展还是空白，无法满足当前工业设计特色小镇实践对理论指导的要求，因而开展对工业设计特色小镇可持续发展评价的研究具备理论和实践的双重意义。

4.2 指标设计

4.2.1 数据来源及指标构建原则

4.2.1.1 研究区域及数据来源

本章以工业设计特色小镇的可持续发展为研究对象；原始数据使用余杭梦栖工业设计小镇 2017～2019 年的相关数据，通过统一设计的意见征询表来收集数据，对于部分不完善的数据使用《杭州统计年鉴》等资料进行补缺。

4.2.1.2 评价指标构建原则

在评价指标构建上，本文主要遵循以下七点原则：典型性原则、全面性原则、独立性原则、共性与个性相结合原则、可操作性原则、动态性原则、以人为核心原则。具体释义如表4.1所示。

表4.1 工业设计特色小镇可持续发展评价指标体系构建原则

序号	构建原则	说明
1	典型性原则	选取的相关指标立足于特色小镇的本质，能够准确评价特色小镇的可持续发展能力
2	全面性原则	所选取的指标涵盖经济发展、社会公平和生态环境等各个维度，不片面强调经济效益和规模，同时注重环境和生态保护等
3	独立性原则	指标的选取相对独立且不相关，不互为解释，确保最终评价结果的全面性和科学性
4	共性和个性相结合原则	评价体系既包含共性指标，具有可比较性，便于比较，又包括特色指标，可以反映"特色"产业建设的进展和成效
5	可操作性原则	所选取的指标数据应当能够方便地获取，且有一致的统计口径，方便指标量化和对比
6	动态性原则	由于特色小镇发展迅速，所选取的指标在维度、权重和层次等方面需要根据当前的发展形势和背景进行适当调整
7	以人为核心原则	在具体指标设计中，应同时考虑主客观相结合的模式，将特色小镇的使用者、经营者、管理者等微观主体的主观感受和体验也纳入指标体系

4.2.2　评价指标初步拟定

本文通过文献研究的方式，按照"一级指标—二级指标—三级指标"的结构构建工业设计特色小镇可持续发展评价体系。

学界对如何评价特色小镇的可持续发展并未达成共识，温燕等从资本资源力、产业发展力、基础设施力、政府支持力、环境资源力五个方面进行评价①，雷仲敏等从目标、准则、指标三个方面进行评价②，但这些评价维度最终都可以归纳为内部、外部和产业三个方面。本文在借鉴前人研究成果的基础上，设定了内部环境力、外部环境力和产业发展力三个一级指标。考虑到工业设计特色小镇作为工业设计创新载体的特殊性，通过对特色小镇可持续发展和工业设计产业发展的相关评价指标进行筛选得到三级指标，通过对一级指标和三级指标的双向整合确定二级指标。最终确定3个一级指标、13个二级指标和36个三级指标，具体如表4.2所示。

①　温燕、金平斌：《特色小镇核心竞争力及其评估模型构建》，《生态经济》2017年第6期，第85~89页。
②　雷仲敏、张梦琦、李载驰：《我国特色小镇发展建设评价研究——以青岛夏庄生态农业特色小镇建设为例》，《青岛科技大学学报》（社会科学版）2017年第3期，第8~12+28页。

表 4.2　工业设计特色小镇可持续发展评价指标体系

一级指标	二级指标	序号	三级指标	指标说明
内部 环境力	基础 设施	1	办公环境满意度	
		2	休闲娱乐设施完善程度	员工对小镇休闲设施完善程度的看法
	交通 环境	3	公共交通便利度	周边能直达的公共交通线路数量
	生态 环境	4	绿化覆盖率	
		5	空气良好率	
外部 环境力	产业 资源	6	工业设计企业占比	设计企业数量/小镇企业总数
		7	企业总数	小镇内企业总数
		8	公共服务平台数量	
	人力 资源	9	从业人员总数	
		10	工业设计职业资格人数占比	工业设计职业资格人数/小镇从业总人数
	市场 需求	11	接受项目数	接受商业项目数量
		12	小镇活跃度	对外交流、活动对接次数
		13	客户满意程度	客户对项目满意率
	政府 扶持	14	政府发展规划	政府对于小镇建设相关政策或管理制度建立是否健全
		15	相关优惠政策	政府制定落实的优惠政策条数
		16	省级财政资金扶持	
		17	地方配套资金扶持	
	社会 支持	18	民间资本投资额	
		19	社会关注程度	社会各界对于小镇发展的关注

续表

一级指标	二级指标	序号	三级指标	指标说明
产业发展力	创新能力	20	授权专利数量	
		21	自主知识产权成果数量	
		22	获省级及以上设计奖项数	
		23	获国际设计奖项数	
	资源利用能力	24	设计项目完成比例	
		25	设计成果转化能力	设计成果产业转化金额
		26	产学研结合度	与高校等机构合作设立实训基地的数量
	地区贡献能力	27	税收贡献度	小镇总纳税金额
		28	服务企业数量	
		29	员工薪资水平	
	盈利能力	30	小镇营业总收入	
		31	工业设计服务收入	
		32	小镇总利润率	
	发展能力	33	企业数量增长率	
		34	小镇从业人数增长率	
		35	工业设计职业资格人数增长率	
		36	小镇面积年增长率	小镇面积增长情况,是否有第二、三期规划

4.2.3　工业设计特色小镇可持续发展评价指标筛选

4.2.3.1　基于专家焦点小组的指标初步修正

初步拟定的指标主要由笔者通过文献研究筛选得出,

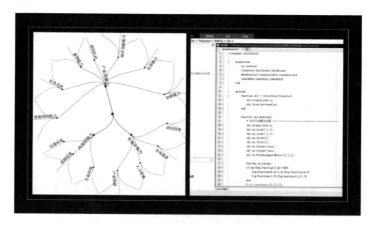

图4.1 一、二级指标环形树状图分布

但存在以下两点问题：①受限于笔者的视野和知识结构，筛选难以规避主观性与片面性；②指标来自不同的文献，相互之间可能存在重叠。为了解决这两个问题，本研究使用专家焦点小组的方式对评价体系的指标进行初筛，以提升指标体系的信度。

专家焦点小组由五人组成，身份包括以下四类：工业设计企业负责人、从事本领域研究的高校教授、设计小镇的管理人员和政府内主管小镇建设的负责人。根据焦点小组的讨论结果和相关文献，对评价体系进行以下调整：①新增"设计产业链企业组成比例合理度"与"所在地区GDP"两个指标。产业链企业占比能反映小镇在产业规模和属性上的合理程度、在产业建设上的完善程度，对评估小镇可持续发展而言不可或缺，故加入"设计产业链企业组成比例合理度"这一指标进行评估；小镇所在区域的经济发展水平对小镇产业资源影响较大，故而加入"所在地区 GDP"这一指标进行评估。②修正"休闲娱乐设施完善程度""员工薪资水平"两个指标，调整"小镇活跃度"这一指标的衡量方式。"休闲娱乐设施完善程度"这一指标无法全面、客观地反映小镇基础设施建设水平，故调整为"小镇房屋空置率"，以此反映小镇基础设施的利用水平；"员工薪资水平"受区域经济发展水平影响较大，故调整为"就业率贡献度"，通过对地区就业的带动作用反映其对地区的贡献；随机采访调研的方式无法反映小镇的社会影响力，且采样存在困难，因此采用媒体报道次数进行衡量。

4.2.3.2　基于德尔菲法的指标二次修正

在专家焦点小组的基础上进行德尔菲法的二次修正，以提高评价体系的信度。

本研究使用线上问卷的方式进行专家调查，具体操作流程如下。

第一，专家的确定。本研究选取专家主要有以下三类：资深的工业设计行业从业人员、资深的工业设计产业研究人员、特色小镇建设管理人员。

第二，问卷发放。问卷围绕调查目的、意义、调查方式三方面进行设计，设立设计专家意见咨询一题作为拓展项，以弥补问卷设计可能存在的不足；在评价方式上采用五级李克特量表。

第三，问卷回收。本次发放问卷 12 份，回收 11 份，回收率为 91.7%。通过检查剔除 1 份无效问卷，有效问卷总计 10 份。

第四，问卷统计。就从业时长而言，10 份有效问卷的填写专家中有 4 人从业时长为 0~10 年，6 人从业时长为 11~20 年；就职业而言，5 人为工业设计行业从业人员，3 人为高校教师，2 人为特色小镇建设管理人员。因此判定 10 人均为资深的行业专家，打分和评价均具备权威性，可作为本次研究的依据。

本评价体系的合理性得到了专家的一致认可，其中两位专家建议在评价体系中补充"小镇管理能力"这一指标，但鉴于该指标涉及部门较多且评价难以客观量化，经过讨论，决定暂不加入评价体系。

第五，数据处理。和之前的可持续发展评价一样，本研究假设不同专家的重要性相同，打分权重相等；以指标得分的均值体现指标重要性；以指标得分的变异系数体现专家对指标意见的一致性。

指标得分均值的计算公式如下：

$$\mu_i = \frac{\sum_{k=1}^{q} \alpha_{ik}}{q} \qquad i = 1, 2, \cdots, m$$

其中，μ_i 表示第 i 个指标的得分平均值，α_{ik} 表示第 k 个专家对第 i 个指标的评分，q 表示专家总数，m 表示指标项总数。

指标得分方差的计算公式如下：

$$\sigma_i = \sqrt{\frac{\sum_{k=1}^{q} (\alpha_{ik} - \mu_i)^2}{q}} \qquad i = 1, 2, \cdots, m$$

其中，σ_i 表示第 i 个指标得分的标准差。

指标得分变异系数的计算公式如下：

$$c_v = \frac{\sigma_i}{u_i}$$

计算结果如表4.3所示。

表4.3 工业设计特色小镇可持续发展评价指标重要性得分统计

一级指标	二级指标	序号	三级指标	平均值	标准差	变异系数
内部 环境力 （A1）	基础设施	1	办公环境满意度	4.3	0.781	0.182
		2	小镇房屋空置率	3.5	1.118	0.320
	交通环境	3	公共交通便利度	4.4	0.663	0.151
	生态环境	4	绿化覆盖率	3.6	1.020	0.283
		5	空气良好率	4.2	0.748	0.178

续表

一级指标	二级指标	序号	三级指标	平均值	标准差	变异系数
外部 环境力 （A2）	产业资源	6	企业总数	3.8	0.600	0.158
		7	工业设计企业占比	4.1	1.136	0.277
		8	公共服务平台数量	4.2	0.980	0.233
		9	所在地区 GDP	3.6	0.917	0.255
	人力资源	10	从业人员总数	4.2	0.600	0.143
		11	工业设计职业资格 人数占比	3.3	1.100	0.333
	市场需求	12	接受项目数	4.4	0.663	0.151
		13	小镇活跃度	4.5	0.922	0.205
		14	客户满意程度	4.5	0.500	0.111
	政府扶持	15	政府发展规划	4.5	0.671	0.149
		16	相关优惠政策	4.3	0.781	0.182
		17	省级财政资金扶持	4.3	1.005	0.234
		18	地方配套资金扶持	4.4	0.917	0.208
	社会支持	19	民间资本投资额	3.7	0.640	0.173
		20	社会关注程度	4.3	0.900	0.209
产业 发展力 （A3）	创新能力	21	授权专利数量	3.5	0.922	0.263
		22	自主知识产权成果 数量	4	0.894	0.224
		23	获省级及以上设计 奖项数	4	1.000	0.25
		24	获国际设计奖项数	4.2	0.748	0.178
	资源 利用能力	25	设计项目完成比例	4.4	0.800	0.182
		26	设计成果转化能力	4.5	0.806	0.179
		27	产学研结合度	4	0.775	0.194
	地区 贡献能力	28	税收贡献度	3.5	0.922	0.263
		29	服务企业数量	4.1	0.700	0.171
		30	就业率贡献度	3.8	0.872	0.229

续表

一级指标	二级指标	序号	三级指标	平均值	标准差	变异系数
产业 发展力 （A3）	盈利能力	31	小镇营业总收入	3.8	0.748	0.197
		32	工业设计服务收入	4	0.775	0.194
		33	小镇总利润率	3.9	0.831	0.213
	发展能力	34	企业数量增长率	3.7	0.900	0.243
		35	小镇从业人数增长率	3.6	0.663	0.184
		36	工业设计职业资格人数增长率	3.1	0.831	0.268
		37	小镇面积年增长率	3.8	0.748	0.197
		38	设计产业链企业组成比例合理度	4.2	0.980	0.233

由表 4.3 可知，指标体系变异系数区间为（0.1，0.32），差异不显著，说明专家对指标权重的看法相对统一，指标权重相对合理。

以平均分 ≥3.75 为标准筛选指标，剔除"小镇房屋空置率""工业设计职业资格人数占比""民间资本投资额""税收贡献度"等 10 个三级指标。鉴于剔除后"基础设施"与"交通环境"这两个二级指标下属的三级指标较少，故合并为"基础及周边设施"，下辖"办公环境满意度"和"公共交通便利度"这两个三级指标。

4.2.4 工业设计特色小镇可持续发展评价指标体系说明

经过专家焦点小组和德尔菲法的完善，得到如表4.4所示的评价指标体系。

表 4.4 工业设计特色小镇可持续发展评价指标体系

一级指标	二级指标	序号	三级指标	单位
内部环境力（A1）	基础及周边设施（B1）	1	办公环境满意度（C1）	—
		2	公共交通便利度（C2）	条
	生态环境（B2）	3	空气良好率（C3）	%
	产业资源（B3）	4	企业总数（C4）	个
		5	工业设计企业占比（C5）	%
		6	公共服务平台数量（C6）	个
	人力资源（B4）	7	从业人员总数（C7）	人
外部环境力（A2）	市场需求（B5）	8	接受项目数（C8）	个
		9	小镇活跃度（C9）	次
		10	客户满意程度（C10）	—
	政府扶持（B6）	11	政府发展规划（C11）	条
		12	相关优惠政策（C12）	条
		13	省级财政资金扶持（C13）	万元
		14	地方配套资金扶持（C14）	万元
	社会支持（B7）	15	社会关注程度（C15）	条

续表

一级指标	二级指标	序号	三级指标	单位
产业发展力（A3）	创新能力（B8）	16	自主知识产权成果数量（C16）	个
		17	获省级及以上设计奖项数（C17）	个
		18	获国际设计奖项数（C18）	个
	资源利用能力（B9）	19	设计项目完成比例（C19）	%
		20	设计成果转化能力（C20）	万元
		21	产学研结合度（C21）	个
	地区贡献能力（B10）	22	服务企业数量（C22）	个
		23	就业率贡献度（C23）	%
	盈利能力（B11）	24	小镇营业总收入（C24）	万元
		25	工业设计服务收入（C25）	万元
		26	小镇总利润率（C26）	%
	发展能力（B12）	27	小镇面积年增长率（C27）	%
		28	设计产业链企业组成比例合理度（C28）	—

部分指标解释及运算方式陈述如下：

基础及周边设施（B1）：为了维持企业运转和员工工作生活必须提供的公共设施。

办公环境满意度（C1）：小镇内相关企业的员工对小镇办公环境的满意程度。

公共交通便利度（C2）：到达小镇周边的公交、地铁、车站、机场等公共交通的数量。

$$空气良好率（C3）= \frac{本年度小镇空气质量为良好及以上的天数}{本年度总天数}$$

$$工业设计企业占比(C5) = \frac{工业设计企业数量}{小镇企业总数}$$

小镇活跃度（C9）：举办专业赛事、交流论坛等对外交流活动的次数。

政府发展规划（C11）：地方政府的规划对小镇发展是否合理。

社会关注程度（C15）：与小镇相关的新闻报道次数。

资源利用能力（B9）：小镇将产业资源转化为具体设计产出和成果的能力。

设计成果转化能力（C20）：设计成果商业化的总产值。

产学研结合度（C21）：与高校共建的实训基地数量。

设计产业链企业组成比例合理度（C28）：配套产业企业占比是否合理。

4.3　模型构建

4.3.1　指标权重计算

通过群组决策特征根法计算指标权重，结果如表 4.5 所示。

表 4.5 工业设计特色小镇可持续发展评价指标体系权重

一级指标	二级指标	序号	三级指标	权重（C）	权重（B）	权重（A）
内部环境力（A1）	基础及周边设施（B1）	1	办公环境满意度（C1）	0.495	0.259	0.332
		2	公共交通便利度（C2）	0.505	0.249	
	生态环境（B2）	3	空气良好率（C3）	1.000	0.241	
	产业资源（B3）	4	企业总数（C4）	0.309	0.251	
		5	工业设计企业占比（C5）	0.343		
		6	公共服务平台数量（C6）	0.348		
	人力资源（B4）	7	从业人员总数（C7）	1.000		
外部环境力（A2）	市场需求（B5）	8	接受项目数（C8）	0.328	0.337	0.347
		9	小镇活跃度（C9）	0.338		
		10	客户满意程度（C10）	0.334		
	政府扶持（B6）	11	政府发展规划（C11）	0.255	0.334	
		12	相关优惠政策（C12）	0.245		
		13	省级财政资金扶持（C13）	0.248		
		14	地方配套资金扶持（C14）	0.252		
	社会支持（B7）	15	社会关注程度（C15）	1.000	0.329	

续表

一级指标	二级指标	序号	三级指标	权重（C）	权重（B）	权重（A）
产业发展力（A3）	创新能力（B8）	16	自主知识产权成果数量（C16）	0.328	0.202	0.321
		17	获省级及以上设计奖项数（C17）	0.330		
		18	获国际设计奖项数（C18）	0.342		
	资源利用能力（B9）	19	设计项目完成比例（C19）	0.342	0.213	
		20	设计成果转化能力（C20）	0.348		
		21	产学研结合度（C21）	0.310		
	地区贡献能力（B10）	22	服务企业数量（C22）	0.517	0.195	
		23	就业率贡献度（C23）	0.483		
	盈利能力（B11）	24	小镇营业总收入（C24）	0.325	0.192	
		25	工业设计服务收入（C25）	0.341		
		26	小镇总利润率（C26）	0.335		
	发展能力（B12）	27	小镇面积年增长率（C27）	0.472	0.198	
		28	设计产业链企业组成比例合理度（C28）	0.528		

4.3.2 模型构建

通过综合指数评价法计算要素得分，对小镇可持续发

展水平进行评价,具体模型如下:

$$x_i = \frac{a_i}{a_{Max}}$$

其中,x_i 为第 i 个指标的指数得分,a_{Max} 为该指标数据的最大值,a_i 为第 i 年该指标指数。将 x_i 的取值结合对应指标权重,加权计算出二级指标的得分,从而获得当年一级指标的权重得分和综合得分,最终以指数形式呈现可持续发展水平的变化。

鉴于综合指数评价法无法反映各要素之间的相关作用,引入耦合协调度模型法进行补充,以明确影响小镇可持续发展的关键因素。

4.4 余杭梦栖小镇可持续发展实证研究

4.4.1 综合指数评价

综合指数评价法计算的是比值,不受量纲不同的影响,故不进行无量纲处理。将梦栖小镇 2017~2019 年的发展数据代入综合指数评价模型,得到二级指标和三级指标综合得分,具体数据分别如表 4.6、表 4.7 所示。

表 4.6 2017~2019 年余杭梦栖工业设计小镇
二级指标综合指数得分

二级指标	2017 年	2018 年	2019 年
基础及周边设施（B1）	0.691	0.904	1.000
生态环境（B2）	0.939	0.979	1.000
产业资源（B3）	0.628	0.719	0.948
人力资源（B4）	0.594	0.609	1.000
市场需求（B5）	0.654	0.803	1.000
政府扶持（B6）	0.609	0.842	0.659
社会支持（B7）	0.528	1.000	0.750
创新能力（B8）	0.464	0.846	0.943
资源利用能力（B9）	0.644	0.818	1.000
地区贡献能力（B10）	0.776	0.708	1.000
盈利能力（B11）	0.620	0.776	1.000
发展能力（B12）	0.343	0.637	1.000

表 4.7 2017~2019 年余杭梦栖工业设计小镇
一级指标综合指数得分

年份	内部环境力（A1）	外部环境力（A2）	产业发展力（A3）	综合得分
2017	0.713	0.598	0.569	0.627
2018	0.804	0.881	0.758	0.816
2019	0.987	0.804	0.988	0.924

对表 4.7 相关数据以柱状图和折线图相结合的方式进行可视化，获得余杭梦栖小镇 2017~2019 年可持续发展

水平的综合评分指数及整体变化趋势，具体如图4.2所示。

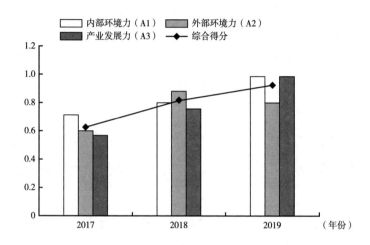

图4.2 2017~2019年余杭梦栖工业设计小镇
可持续发展综合指数评价

由图4.2可知，就内部环境力而言，其获得了2017年基础要素中的最高分，之后稳步增长，2019年达到高位。这表明小镇基础建设在早期就较为完善，并在3年内持续发展，达到基本完善的程度，为小镇接下来的可持续发展打好了基础。

就外部环境力而言，其在2017年基础要素中得分不高，2018年显著上升后2019年有所下调。这表明2017年小镇处于设立早期，社会各界对其了解较少，因而支持力度较小；2018年小镇受到较多关注，社会各界对其认识深化并进行了大力支持；2019年分数回落，从调研结果来看，是因为政府扶持力度减小，进而带动社会和私人资本的投资增速放缓。

就产业发展力而言，其2017～2019年迅猛增长，在2019年达到高位。这表明小镇经过3年的发展，产业发展水平大幅度提升，实现了从产业链不完善到较为完善、从产业资源不足到有一定积累的转变，表现出较高的产业发展能力。

综合来看，小镇可持续发展水平的综合得分于2017～2019年呈总体上升趋势，但相较于2017～2018年的增长来看，2018～2019年增速明显放缓。这表明小镇度过了初创期的快速增长阶段后进入增速放缓的瓶颈期，需要找到新的突破点来实现发展的可持续。

4.4.2　耦合协调评价

目前对耦合度的研究多采用中值分段法，但在具体的阈值设定上有所不同，考虑到工业设计特色小镇可持续发展的相关特性，本研究选用0.2、0.5和0.8为界，具体划分如表4.8所示。

表 4.8　一级指标耦合度与耦合协调度等级划分

耦合度 C	耦合阶段	耦合协调度 D	耦合协调水平
[0.00,0.20)	低度耦合	[0.00,0.10)	严重失调
		[0.10,0.20)	中度失调
[0.20,0.50)	拮抗阶段	[0.20,0.30)	轻度失调
		[0.30,0.50)	濒临失调
[0.50,0.80)	基本耦合	[0.50,0.65)	初级协调
		[0.65,0.80)	中级协调
[0.80,1.00]	高度耦合	[0.80,0.90)	良好协调
		[0.90,1.00)	高级协调

使用耦合协调度模型法在指标权重的基础上对数据进行计算，得到余杭梦栖小镇一级指标的耦合协调度得分，结果如表 4.9 所示。

表 4.9　2017~2019 年余杭梦栖工业设计小镇
一级指标耦合协调度得分

项目	2017 年	2018 年	2019 年
$C_{A1,A2}$	0.498	0.499	0.498
$C_{A1,A3}$	0.497	0.500	0.501
$C_{A2,A3}$	0.472	0.499	0.496
$D_{A1,A2}$	0.571	0.648	0.671
$D_{A1,A3}$	0.564	0.625	0.702
$D_{A2,A3}$	0.525	0.639	0.667

由表 4.9 可知,就耦合度而言,余杭梦栖小镇可持续发展的三个一级指标间耦合度在 2017～2019 年主要位于区间（0.47，0.51），在阶段上处于拮抗阶段和基本耦合之间，说明各指标间存在较强的关联度和依赖度，但未能实现高效的协同发展。就耦合协调度而言，三个一级指标的耦合协调度三年来稳步提升，并在 2019 年都达到了中级协调阶段，说明小镇各方面已实现较高程度的协同，在一定程度上能够相互促进，但在协调度上还有较大的进步空间。

基于相关数据，得到小镇一级指标的综合时序变化趋势线，如图 4.3、图 4.4、图 4.5 所示。

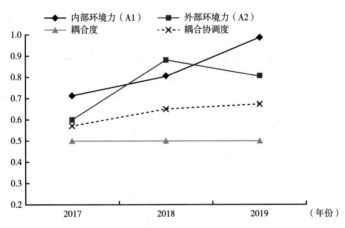

图 4.3　余杭梦栖工业设计小镇一级指标综合时序变化

　　由图 4.3 可知，2017～2019 年，一方面，小镇内外部环境力的耦合度变化相对平稳，均处于拮抗阶段的顶点，说明两个指标间关联度和依赖性较强，但协同效果较差。另一方面，耦合协调度的增长呈现先快后慢的情况，这可能与 2018～2019 年外部支持力度降低、内外环境力出现失衡有关，在未来的发展中应予以重视。

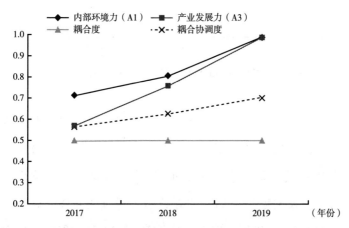

图 4.4　余杭梦栖工业设计小镇一级指标综合时序变化

　　由图 4.4 可知，2017～2019 年，小镇内部环境力与产业发展力的耦合度增长较慢，达到了基本耦合状态；耦合协调度也在三年间稳步增长，2019 年达到中级协调水平，表明两者能够进行协同互补，即内部环境为产业发展提供配套服务，产业发展为内部环境建设提供资金支持。

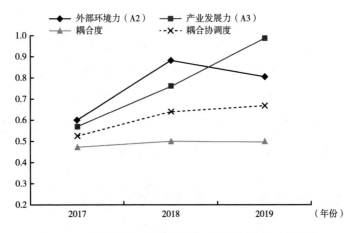

图 4.5　余杭梦栖工业设计小镇一级指标综合时序变化

由图 4.5 可知，就耦合度而言，其发展呈现先升后降的情况，2018 年有一定程度的提升，基本实现耦合，但 2019 年略微下降，表明两者间协同作用弱化，对抗作用加强，未来发展需更加关注导致两者对抗的问题。就耦合协调度而言，2018～2019 年的增速较 2017～2018 年显著降低，但仍保持增长，并实现了中级协调。

4.5　对策建议

从实证结果来看，当前余杭梦栖小镇处于发展初期的上升阶段，除各方面支持力度有所下降外，其他要素均保持了稳健的发展态势且达到一定水准，但在各要素的协同发展上还存在不足，对此提出以下几点建议。

第一，推动工业设计发展，打造完整产业链。在提升创新设计能力、做好技术储备和知识成果积累的同时，做好对企业的服务工作，解决地方企业面临的现实问题。通过完整产业链的打造，构建以工业设计企业为核心的生态体系，整合资源协同创新，降低小镇相关企业的运营成本，提升相关企业的市场竞争力和适应力。

第二，做好宣传工作，完善投融资机制。通过网络及各类宣发渠道的报道、各类专业竞赛、论坛的承办提升社会各界对小镇的关注度，帮助其形成对小镇的合理认识，促使小镇管委会提升管理水平、优化服务。完善的投融资机制能吸引合适的社会资本对小镇开展共建，提升小镇建设速度和管理水平的同时，也丰富小镇的相关资源。

第三，注重人才培养和基础设施建设。工业设计特色小镇要实现可持续发展，核心在人，小镇应通过在合理的薪酬体系、创新的培训体系和人才保障制度等方面进行努力和探索，让人才能够走进来、留下来。同时通过绿化、休闲、运动等方面的基础设施建设提升小镇的舒适性，用软实力强化对人才的吸引力。

第四，强化政商关系，推进小镇发展。加强与政府、企业的合作，通过落实政府现有优惠政策让小镇企业充分享受相关的补贴和减免，通过申请配套资金并进行运作，加快小镇的建设进程；小镇则通过促进居民就业和实现地方相关企业的研发需求对政府进行反馈，实现与政府的双赢。小镇企业通过满足相关企业的设计需求获得收入，小镇通过引入企业资本的方式提升小镇的建设速度和管理水平；企业也在这一过程中解决了设计问题、获取了投资回报。

第五，定期测评，提升可持续发展水平。通过科学的评价体系对小镇进行定期检查，及时发现问题并予以改进，为小镇的持续发展保驾护航。

4.6　结论

本章借鉴特色小镇可持续评价和工业设计评价两个方面的研究经验和方法，构建了相对科学、全面的评价体系，以余杭梦栖工业设计小镇为例，从发展水平和要素耦合度两个方面分析了其可持续发展状况，并针对存在的问题提出了相应的建议。

通过对余杭梦栖工业设计小镇的相关数据进行综合

指数—耦合协调度评价分析，得出以下几点结论：①余杭梦栖工业小镇整体处于发展初期的快速上升阶段，主要要素发展趋势较好，但各要素间未能实现有效协同，现有资源未能得到高效利用；②余杭梦栖工业设计小镇在后续的发展中要做好内外兼修，对外强化政商关系，通过政策优惠、专项资金、引入社会资本等方式解决小镇发展中的资金问题；对内提升各要素的协同作用，高效利用存量资源。

工业设计特色小镇的可持续发展评价是一个复杂的系统问题，受限于本人的视野和知识结构，本研究存在以下不足：①研究深度不足，当前学界对工业设计特色小镇这一细分领域的相关研究尚为空白，本章主要借鉴工业设计产业评价和其他类型特色小镇评价的相关文献，在研究深度和精度上都存在一定不足；②实证样本不足，从空间来看，本章仅选取了余杭梦栖工业设计小镇作为样本，样本量太小；从时间来看，本章使用的数据只包括了 2017～2019 年这三年，在时间跨度上有所欠缺；③评价体系的适用范围有待检验，实证样本量有限，评价体系可能出现局部过拟合但整体欠拟合的现象，即评价体系的通用性和推广性可能存在不足，对于具体的适用范围需要更多的样本来进行检验。

第5章　工业设计产业与区域经济耦合协调发展研究

伴随着互联网技术的进步和经济全球化带来的激烈竞争，工业设计产业的定义和边界不断拓展，并逐渐成为制造业核心竞争力的重要组成部分，进而成为衡量地区或企业竞争力的重要因素①。在一定程度上，现代设计水平决定了国家和地区的经济发展水平，因此国家和区域层面都对工业设计产业予以重点关注。学界也围绕工业设计产业与区域经济之间的关系开展了相关研究。

耦合特指物理学概念上两个子系统之间的相关程度和作用关系，并体现两者关系从约束到协同的转变。如果将工业设计产业和区域经济看作归属于同一个大系统的两个子系统，那么通过对两者间耦合机理的分析，可以构建评价指标体系和评价模型，从而实现对两者耦合度及耦合协

---

① 杨铁英：《河北省工业企业工业设计创新能力评价研究》，河北科技大学硕士学位论文，2019。

调度的研究。因此，本章从系统论视角，以浙江省为例进行实证研究，并提出有针对性的对策，为地方相关政策的制定提供理论支撑，促进两者协同发展。

通过对工业设计产业和区域经济这两个子系统的耦合机理的分析，实现对两者耦合度及耦合协调度的研究，既能开拓从耦合方向研究工业设计产业和区域经济之间关系的新视角，通过质性分析与量化分析方法，弥补了前人在量化程度和关联性研究上的不足，也能为科学评价工业设计产业和区域经济耦合关系提供新范式。

在工业设计产业与区域经济发展领域，本章以指标权重的方式将影响两者的因素进行排序从而构建评价体系，以此剖析两者系统耦合过程中存在的问题和制约因素，为政府部门的政策制定提供现实依据，在宏观层面为工业设计产业和区域经济的耦合协调、协同发展提供理论依据和决策参考，对促进两者实现可持续协调发展具有重要的意义。

工业设计产业发展是实现制造业转型升级的重要路径，是从根本上优化产业链的核心驱动力。对工业设计产业自身耦合协调状况的系统研究，有助于对今后产业发展侧重点及其优化方向有更深层次的了解。通过对工业设计产业与区域经济耦合协调发展的研究，揭示工业设计产业与区域经济发展的内在动因，帮助相关人群深化对工业设计产业的认知。

5.1 工业设计产业与区域经济

5.1.1 工业设计产业研究现状

对工业设计产业的研究可分为以下四个方向：工业设计产业发展、工业设计产业竞争力研究、与其他产业的互动关系、产业政策研究。

在工业设计产业发展维度，在总结梳理当前产业发展现状的基础上，剖析影响其发展的负面因素，进而针对未来产业的发展方向和发展方式提出政策建议。其中沈法等关注工业设计产业发展中存在的问题，并从企业发展、产业环境两个维度进行探讨，调查结果表明，企业面临人才缺乏、创新能力薄弱、产业结构发展不合理、政策体系不完善、产学研能力薄弱及市场规则欠成熟等问题[1]。

在工业设计产业竞争力研究维度，立足于工业设计产

---

[1] 沈法、雷达、麦秀好：《浙江省工业设计产业发展的问题与对策研究》，《西北大学学报》（自然科学版）2012年第3期，第509~514页。

业现状，从不同层面对影响工业设计产业竞争力的因素进行机制探究和竞争力模型构建，从而获得科学、客观的工业设计产业竞争力评价体系，对不同地区和企业的工业设计竞争力进行评估，为企业增强工业设计竞争力提供指导，为政府制定相关产业政策提供依据。邹其昌基于"PMBTA"理论模型构建评价体系，对设计行业的竞争力进行评估，具体包含政策支持、品牌形象、人才质量等维度①。

在与其他产业的互动关系维度，立足于现实，对两者之间的互动与融合等关系进行分析，归纳影响两者关系的因素及相应权重，从而推动工业设计产业与制造业协同发展、共同进步，同时也为地方政策的决策提供理论支撑。徐明亮②、高智杰③等学者就工业设计产业与制造业的互动问题展开研究，认为两者互动关系是基于社会分工与价值链渗透而展开的。通过分析两者互动过程，进一步揭示工业设计产业与制造业产业互动有所滞后的成因，包括政

①　邹其昌：《关于中外设计产业竞争力比较研究的思考》，《创意与设计》2014 年第 4 期。

②　徐明亮：《工业设计产业与制造业互动发展研究》，《内蒙古社会科学》（汉文版）2012 年第 4 期，第 114~116 页。

③　高智杰：《工业设计产业与制造业互动发展研究》，《艺术科技》2018 年第 31 期，第 291~292 页。

府与企业的重视程度、制造业企业需求、工业设计产业服务能力、互动发展环境等，并就此提出政策支持、服务平台搭建、人才培养等方面的建议，促进工业设计产业与制造业互动发展。

在产业政策研究维度，立足于现有的工业设计政策，综合运用比较、量化等研究方法，从流程、体系、主体、效果等不同层面进行剖析，分析现有行业存在的不足，并提出有针对性的合理建议和解决方案。蒋红斌认为应将工业设计作为经济转型与发展的利器注入企业发展转型与现代建设，而当前国内却缺乏有效的工业设计产业评价体系，故应尽快建立中国工业设计发展评价指标体系，在深入分析国内外发展机制与本土化情况的基础上构建框架，具体涉及政府部门、制造业企业、设计公司、高校及研究院、其他中介五个主体，并从服务企业、设计应用企业、公共服务平台三个角度来完善评价指标体系①。

5.1.2 区域经济发展研究现状

在国内外区域经济发展的相关研究成果比较丰富，大

---

① 蒋红斌：《作为国家管理机制的中国工业设计发展指标体系》，In 设计管理创领未来——2011 清华—DMI 国际设计管理大会论文，2011。

体上可分为以下三个方向：影响区域经济发展的因素研究、区域经济发展的质量评估研究、区域经济发展的综合实力评价研究。

在影响区域经济发展的因素研究维度，其与环境、社会、人力、技术等诸多领域都有交叉，受到的关注最多，也是本研究的重点方向。毛广雄就产业集群与区域产业发展的关系展开讨论，将两者视为一个大系统，并引入耦合概念来探究两者的关系，结果表明产业集群是推动区域经济发展的先决条件，在促使产业形成集群的基础上有效推动区域产业转移[①]。

在区域经济发展的质量评估研究维度，从不同的视角，结合对应的理论选取评价指标，构建评价模型，并选取案例进行实证分析，最终提出相关建议。宋耀辉从增长特征出发评估经济发展水平，并基于经济发展的有效程度、稳定程度、持续趋势、福利效果 4 个方面共计 27 个二级指标构建指标体系，导入面板数据进行实证分析，针对测算结果深入分析陕西经济发展水平[②]。

---

① 毛广雄：《产业集群与区域产业转移耦合机理及协调发展研究》，《统计与决策》2009 年第 10 期，第 68~70 页。
② 宋耀辉：《陕西省经济发展质量评价》，《资源开发与市场》2017 年第 4 期，第 456~461 页。

在区域经济发展的综合实力评价研究维度，其质量评估研究类似，但关注点主要是区域经济发展的综合实力。

5.1.3 工业设计与区域经济互动关系研究

目前在国内对工业设计与区域经济互动关系的研究并不多，且大部分为定性研究，定量研究不足，总体上可分为理论和实证两个方面。理论方面，围绕工业设计产业对经济发展的促进作用、对制造业发展的促进作用、对产业结构升级的促进作用等形成了一些优秀的研究成果。晏群等认为在工业设计产业推动经济发展方面，政府引导、加大创新设计研究投入、制定竞争策略是研究的重点①。罗仕鉴论证了工业设计与制造业的相互关系，以浙江省块状经济为例，指明互联网发展下工业设计面临的新机遇，提出通过工业设计服务方式与内容多元化推动地区制造业发展，以强化区域产业特色，促进区域经济发展②。丁伟等提出了"设计立县"的概念，主张通过推动工业设计的转型

────────────

① 晏群、肖旺群：《开展工业设计推动区域经济建设的研究与思考》，《包装工程》2006 年第 3 期，第 257~259 页。
② 高喜银、王乾：《工业设计促进区域经济发展的研究与对策——以河北省保定市为例》，《中国城市经济》2011 年第 1 期，第 59~60 页。

升级来实现传统制造业的可持续发展，以此促进区域
经济转型升级，并提出了"设计立县"十大模式理论
及框架①。

实证方面，其在具体的研究方向上与理论研究类
似，主要利用地区和产业实战对理论进行论证，赵可
恒采用类比法探索了工业设计促进常州装备制造业产
业升级问题，并从提升创新能力和产业竞争力、推动
上下游产业结构优化等方面为区域经济发展提供理论
依据和实践指导②。杨小京基于 Michael Porter 理论，以
杭州为例构建工业设计产业集群模型，并提出绿色生态
循环可持续集群、平面链型集群、互联网云平台信息技
术软平台三种模式，以保证工业设计产业集群实现动态
良性、服务延伸、云平台信息化产业增值，打破区域间
壁垒，推动区域经济发展③。张芳兰等提出构建工业设
计创新平台有助于促进区域经济发展，可借助平台促
进产业要素向不发达地区转移，以强化工业设计平台

①　丁伟、章彰、赖洪波：《设计与转型："设计立县"发展路径及十大模
　　式构建——以上海—长三角工业设计项目服务外包平台"设计立县"
　　计划为例》，《设计》2014 年第 7 期，第 118~120 页。

②　赵可恒：《论制造业产业升级语境下工业设计角色定位》，《包装工程》
　　2014 年第 8 期，第 130~133 页。

③　杨小京：《基于产业集群的工业设计产业发展模式研究——以杭州为
　　例》，《中国商贸》2014 年第 33 期，第 197~200 页。

之间的联系与沟通，推动区域产业和谐发展与产业结构优化升级①。

5.1.4 研究评述

就当前的研究成果来看，国内外对工业设计产业和区域经济的研究已经很多，并出现了一批优秀的研究成果，但对于两者之间关系的研究还较少，并存在一些不足，具体为：一是研究互动关系时将两者割裂开来看待，缺少系统性和全局性的研究框架；二是当前研究更多的是聚焦工业设计产业对区域经济的影响和作用，较少关注两者的关联性；三是当前研究以定性为主，缺少相对客观的定量研究和实证研究；四是缺少统一化、标准化的工业设计发展指标和权重定义方法，导致不同学者根据自身理解和认知来确定的指标和权重带有浓厚的主观色彩，不具备普适性；五是尚未有从耦合角度对两者关系进行研究，而耦合关系具备描述充分、数据量化的优势，能兼顾定性和定量研究方法优势的同时，更加清晰、客观地描述两者关系。

---

① 张芳兰、张志宇：《工业设计创新平台建设与区域整合研究》，《教学研究》2011 年第 5 期，第 50~51+57 页。

5.2　相关概念与理论基础

5.2.1　概念界定

5.2.1.1　工业设计产业

对于如何界定"工业设计产业"，学术界尚未达成共识。高原提出了"工业设计产业化"概念，认为工业设计产业化是其利用自身优势将服务、技术、信息、资源等内容转换成可量化的产品或服务的过程；并表示工业设计产业化运作需满足信息、技术、产品、生产、商品、行业六个层面的数字化、规模化、市场化需求[1]。赵若君基于对工业设计与产业内涵的理解，将通过批量生产工业设计产品来创造经济效益的产业界定为工业设计产业，涵盖了工业设计所能服务的所有行业[2]。楼镓波认为工业设计产业的实质是对以工业设计为核心的生产经营服务活动的企业或相似机构的集合[3]。

---

① 高原：《工业设计产业化与创意产业》，湖南大学硕士学位论文，2007。
② 赵若君：《基于 TRIZ 创新原理的工业设计产业与地域文化共生发展应用研究》，西华大学硕士学位论文，2014。
③ 楼镓波：《工业设计特色小镇可持续发展评价研究》，浙江工业大学硕士学位论文，2020。

综上所述，笔者对工业设计产业作如下界定：以具体的设计活动为核心，并在活动发生过程中所延展出的具体产业形态，也可以将其视为具有服务性质的设计企业或设计机构开展的经济活动的集合。从产业规模的角度，工业设计产业是作为微观经济主体的企业与作为宏观经济主体的国家之间进行的经济活动的集合；从具体结构的角度，产业是由特征相似的经济行为共同组成的集合或系统。

5.2.1.2　区域经济发展

一般来说，区域经济是指在特定地域范围内，由内外部因素共同作用构成的生产综合体，其中区域是在特定标准界定下获得的有边界的连续空间。区域经济的划分通常有两种依据，一种是经济发展情况，另一种是行政区划。本章采用后者进行划分：选取浙江省 11 个地级市作为区域标本。针对区域经济发展侧重于对发展质量的评估，用以描述特定区域经济演变过程。具有以下四个方面的内涵：经济发展水平、经济结构、可持续发展、社会生活和经济制度。本章的区域经济发展的内涵主要是指经济发展水平、经济结构和社会生活三个方面。

5.2.1.3　耦合概念

耦合属于物理学概念，特指两个子系统之间的相关程度和作用关系，并体现两者关系从约束到协同的转变

(约束是指各子系统在相互作用时因彼此冲突而出现的子系统原有属性弱化，协同则是指各子系统在相互作用时因相辅相成而出现的原有属性强化，各子系统通过这一过程中的属性变化构成更大的协同系统并发挥更大的作用)。鉴于耦合在对事物相关性描述上的优越性，其应用范围逐步延展。

蒋天颖等[①]、张芷若[②]等学者指出可通过系统耦合度与耦合协调度两个模型对子系统间的协调情况予以定量描述。其中，耦合度是用来反映子系统及子系统内部各要素间的相互作用程度与相互影响的强弱；而耦合协调度是对耦合度的进一步描述，衡量子系统间以及子系统内部要素间的协同性与一致性[③]。因此，可以通过耦合度与耦合协调度的组合来反映系统间相互作用的强度和良性程度。

5.2.2 工业设计产业与区域经济耦合关系分析

5.2.2.1 工业设计产业对区域经济的驱动作用

工业设计产业对区域经济的驱动作用主要体现在以下

---

① 蒋天颖、华明浩、许强、王佳：《区域创新与城市化耦合发展机制及其空间分异——以浙江省为例》，《经济地理》2014年第6期。

② 张芷若：《科技金融与区域经济发展的耦合关系研究》，东北师范大学博士学位论文，2019。

③ 施响：《中国人口流动与土地综合承载力耦合研究》，吉林大学博士学位论文，2021。

几个方面：成为新的经济增长点和动力源、知识外溢推动区域经济发展、促进要素转换、推动产业升级以促进经济发展和拓宽消费市场。

成为新的经济增长点和动力源有以下内涵。①新的经济增长点，通常意味着通过发掘潜在需求来建立新的产业或产业群，从而推动区域经济增长。这个过程通常具有高风险、高投入和高回报等特征。工业设计在需求分析和用户研究上的专业性能够有效降低这一过程的试错成本和企业风险，帮助区域以相对低的成本建立新的经济增长点，为区域经济发展注入动力。②工业设计是基于知识进行的创造性活动，其成果也多以数字形式进行传播、生产和消费，对具体资源的占用和消耗较少，因而具备可持续性的特点。同时，鉴于工业设计与其他产业（尤其是制造业）的密切关系，这种可持续性能够帮助其他产业以尽可能小的资源消耗和环境成本实现价值创新，进而实现向可持续经济增长模式转型，为区域经济发展提供更持久的动力。

知识外溢推动区域经济发展则是指工业设计产业作为知识密集型产业，其从业人员具备较高的知识素养，随着工业设计产业的发展，从业人员逐渐聚集，形成充裕的知识库，进而产生知识外溢效应，提升区域内其他行业（尤其是制造业）的发展质量，推动区域经济发展。同时，这种知识库不仅有助于现有从业人员能力的提升，还成为吸引其他地区设计人才的优势条件，形成马太效应，为区域的经济发展持续做出贡献。

促进要素转换是指发展到一定层次的工业设计产业能够吸引人才、技术等生产要素流入本地区，并辐射周边地区，带动这些地区工业设计产业发展。

推动产业升级是指工业设计通过导入新理念、应用新技术、细分新市场等方式为传统制造业赋能，帮助关联企业从 OEM 向 ODM 转型、从低端制造业向高端制造业升级、从产品生产向服务型制造转变，从而提升关联企业的市场竞争力和盈利能力，促进区域经济发展。

拓宽消费市场是指工业设计通过运用新技术创造新产品，用更好的产品体验改善用户的生活质量，从而促使用户的消费观念、消费方式和消费结构改变，开辟新的消费市场，对区域经济发展起到重要的助推作用。

5.2.2.2 区域经济发展对工业设计产业的驱动作用

区域经济发展对工业设计的驱动作用主要表现为以下几个方面：提供资金支持、提供制度环境保障、激发工业设计市场需求、提升工业设计企业竞争力。

提供资金支持包括以下内涵：①更多的财税优惠政策。区域经济发展能够增加政府的财政收入和公共预算，让政府有足够的资金为工业设计产业提供税收优惠、产业补助和人才补贴等政策支持，更好地推动工业设计产业发展。②更低的融资成本。金融业随着区域经济的发展而发展，能够为工业设计企业的融资提供更多元的渠道，这对中小型工业设计企业而言至关重要——其主要客户一般为中小企业，在资金结算和给付方面会面临付款延期乃至出现坏账的情况，需要过桥资金的支持。③更大的资金规模。区域经济发展会吸引更多的企业入驻，这就增加了对工业设计的需求，并扩大了设计服务领域的资金池容量，在客观上为众多工业设计企业的存续提供了需求方和资金基础。

提供制度环境保障可以从以下几个方面来理解：①经济发展使政府有更多的资金投入产业领域，为工业设计产业在人才引进、技术创新等方面提供更好的制度支持。②制度的完善程度与经济发展水平呈正相关性，当制度规范无法满足产业和市场需要进而阻碍经济发展时，产业和市场会倒逼制度创新，从而获得与之相适应的制度保障。③经济发展水平越高，对知识产权保护的要求就越高，这对主要产出内容是数字化智力成果的工业设计而言至关重要。

激发工业设计市场需求包括以下内涵：①经济发展水平越高的区域，企业越多，庞大的企业基数会产生更广泛的设计需求，为工业设计提供更广泛的用户群体。②经济发展让居民实现从生存向生活的转变，对产品的外观、品质、体验等提出更高的要求就是其具体表现之一，这会倒逼企业通过增加设计等方面的投入来提升产品的竞争力，拉动了工业设计的市场需求。

提升工业设计企业竞争力主要有以下含义：①区域经济发展从人力资源、办公场地等方面增加了企业的运营成本，要求工业设计企业通过提升专业能力、用户服务意识等来提高自身的竞争力，以求在激烈的市场竞争中存活下来。②区域经济发展带来的高运营成本是针对所有行业的，对于非设计行业企业而言（尤其是制造业企业），细分产品的目标用户、优化产品的用户体验等是提升企业竞争力和盈利能力的重要抓手，这就需要工业设计的介入，并对设计提出了更高的要求。

5.3 工业设计产业与区域经济发展综合评价

5.3.1 数据来源及指标构建原则

5.3.1.1 研究区域及数据来源

在区域上，本章选取浙江省 11 个地级市为研究样本。在数据上，本章选取 11 个地级市 2015～2020 年的面板数据为研究样本，其中工业设计产业发展指标数据主要来源于《省级特色工业设计示范基地统计数据》，区域经济发展指标数据来源于《浙江统计年鉴》、浙江政务服务网（https：//www.zjzwfw.gov.cn）、各地区统计年鉴等。

5.3.1.2　评价指标构建原则

在评价指标的构建上，本章主要遵循以下四个原则：全面性原则、代表性原则、可量化原则和动态性原则。

全面性原则是指选取的指标要能相对客观全面地描绘工业设计产业与区域经济发展的实际情况，其对指标有三点要求：①指标满足多视角、多维度要求；②指标间要相互独立，避免交叉；③从微观层面描述和收集数据时，确保众多指标的各维度能从更为宏观与中观的层面系统地评价与分析子系统①。

代表性原则指选取的指标在兼顾客观和真实的前提下，能够深刻地反映出工业设计产业与区域经济发展的主要方面和主要特点。

---

① 张琨、沈海波、张宏、蒋黎明、袁宜：《基于灰色关联分析的复杂网络节点重要性综合评价方法》，《南京理工大学学报》2012 年第 36 期，第 579～586 页。

可量化原则要求针对客观指标能够提供可采集的量化数据，针对主观指标采集的数据可以进行客观量化的转换。

动态性原则要求指标在适用于描述研究对象发展情况的同时，要能适用于不同的区域环境，并为指标进一步完善留下空间。

5.3.2 评价指标初步拟定

本章通过文献梳理，按照一级指标下细分二级指标的结构搭建评价体系。

5.3.2.1 工业设计产业评价指标

前人的研究中将影响工业设计产业发展的因素归纳为内外两部分，其中内因主要包括创意设计能力、组织架构、企业核心素质等因素，外因则包括产业环境、政策体系、融资环境等因素。本章在此基础上从工业设计产业的构建基础和成果产出两方面入手，根据数据采集的可行性和可量化原则，建立产业发展环境（G_A）、产业效益（G_B）、创新成果（G_C）3 个一级指标，并在文献查阅的基础上，以数据可得性为基准，对 3 个一级指标进行拆解，共获得 23 个二级指标，具体如表 5.1所示。

表 5.1 工业设计产业发展指标体系

目标层	一级指标	二级指标	指标解释
工业设计产业发展子系统	产业发展环境（G_A）	专职从事工业设计的人数（G1）	人才资源
		设计人员增长率（G2）	
		从业人员持证比（G3）	
		中高级职称人员占比（G4）	
		工业设计企业数（G5）	基础资源
		工业设计企业增长率（G6）	
		省级工业设计中心（G7）	
		当地产业数量（G8）	
		财政补助（省级与专项资金）（G9）	政府支持
		颁布的政策条例（G10）	
	产业效益（G_B）	产业总收入（G11）	产业发展规模
		工业设计服务收入（G12）	
		服务设计收入占比（G13）	
		服务企业数量（G14）	产业产出能力
		项目完成数（G15）	
		设计成果交易数量（G16）	
		产业成果转换产值（G17）	
	创新成果（G_C）	专利申请数（G18）	专利及获奖
		专利授权数（G19）	
		获省级以上设计奖数（G20）	
		设立主办工业设计大赛（G21）	工作开展情况
		工业设计活动（G22）	
		对外交流合作数（G23）	

部分指标解释和部分无法直接获得数据指标的运算标注如下。

设计人员增长率（G2）＝（本年设计人员－上年设计人员）/上年设计人员×100%。

从业人员持证比（G3）：获得浙江省工业设计职业资格认定的从业者比例。

中高级职称人员占比（G4）：中高级职称指获得浙江省"工业设计师"与"高级工业设计师"资格证书的设计从业者（计算公式：G4＝中高级职称人数/专职从事工业设计人数×100%）。

5.3.2.2　区域经济发展评价指标

前人的研究中将影响区域经济发展的因素概括为经济总量增长、经济结构优化等，本章在此基础上综合指标数据采集的可行性和可量化原则，建立经济发展水平（F_A）、经济结构（F_B）、社会生活（F_C）3 个一级指标。并在文献查阅的基础上，以数据可得性为基准，对 3 个一级指标进行拆解，共获得 19 个二级指标，具体如表 5.2所示。

5.3.3　评价指标体系优化

考虑到本章涉及的指标众多，具备正逆向并存的特点，

表 5.2 区域经济发展指标体系

目标层	一级指标	指标层	指标解释
区域经济发展子系统	经济发展水平（F_A）	地区生产总值(F1)	经济发展总体水平
		人均生产总值(F2)	
		固定资产投资(F3)	经济发展现状
		居民储蓄存款年末余额(F4)	
		金融机构存款余额(F5)	
		地方财政总收入(F6)	政府调控能力
		进出口总额(F7)	对外开放情况
		实际利用外资额(F8)	
	经济结构(F_B)	第二产业占比(F9)	产业结构
		第三产业占比(F10)	
		工业总产值(F11)	区域工业化水平
		工业企业利润总额(F12)	
	社会生活(F_C)	城镇居民人均可支配收入(F13)	居民生活水平
		农村居民人均可支配收入(F14)	
		在岗平均工资(F15)	
		城市人均公园绿地面积(F16)	生态可持续
		森林覆盖率(F17)	
		污水处理率(F18)	
		工业废气排放量(F19)	

且不存在大量灰色信息，为此选择客观赋值法中的熵值赋权法进行处理和赋值。

对数据进行归一化的处理。对两个评价体系的相关指标进行独立性检验，取置信水平 $\alpha = 0.95$。计算结果分别如表 5.3、表 5.4 所示。

表 5.3　工业设计产业发展指标复相关系数

目标层	二级指标	复相关系数值
工业设计产业发展子系统	专职从事工业设计的人数（G1）	0.3111
	设计人员增长率（G2）	0.1307
	从业人员持证比（G3）	0.5134
	中高级职称人员占比（G4）	0.4514
	工业设计企业数（G5）	0.3122
	工业设计企业增长率（G6）	0.1544
	省级工业设计中心（G7）	0.2537
	当地产业数量（G8）	0.1593
	财政补助（省级与专项资金）（G9）	0.1762
	颁布的政策条例（G10）	0.2668
	产业总收入（G11）	0.3798
	工业设计服务收入（G12）	0.3426
	服务设计收入占比（G13）	0.2365
	服务企业数量（G14）	0.3497
	设计成果交易数量（G16）	0.2584
	产业成果转换产值（G17）	0.3159
	专利申请数（G18）	0.5031
	专利授权数（G19）	0.3828
	获省级以上设计奖数（G20）	0.2036
	设立主办工业设计大赛（G21）	0.3258
	工业设计活动（G22）	0.2897
	对外交流合作数（G23）	0.5136

表 5.4　区域经济发展指标复相关系数

目标层	一级指标	指标层	复相关系数值
区域经济发展子系统	经济发展水平(F_A)	地区生产总值(F1)	0.5230
		人均生产总值(F2)	0.5119
		固定资产投资(F3)	0.4955
		居民储蓄存款年末余额(F4)	0.5851
		金融机构存款余额(F5)	0.5921
		地方财政总收入(F6)	0.6065
		进出口总额(F7)	0.5346
		实际利用外资额(F8)	0.6421
	经济结构(F_B)	第二产业占比(F9)	0.2312
		第三产业占比(F10)	0.3653
		工业总产值(F11)	0.6029
		工业企业利润总额(F12)	0.5843
	社会生活(F_C)	城镇居民人均可支配收入(F13)	0.4958
		农村居民人均可支配收入(F14)	0.4431
		在岗平均工资(F15)	0.6241
		城市人均公园绿地面积(F16)	0.6013
		森林覆盖率(F17)	0.4255
		污水处理率(F18)	0.3179
		工业废气排放量(F19)	0.0939

　　由表 5.3、表 5.4 可知，工业设计产业发展下"从业人员持证比（G3）""专利申请数（G18）""对外交流合作数（G23）"三项指标独立性不足（$P_i > 0.5$）；区域经济发展下"实际利用外资额（F8）""在岗平均工资

（F15）""城市人均公园绿地面积（F16）""三项指标独立性不足（$P_i>0.6$），不符合最佳子集合要求。同时，鉴于"项目完成数（G15）"指标的数据不完善，一并予以剔除。

5.3.4 指标权重确定

基于前文通过信息熵计算指标权重，结果如表5.5、表5.6所示。

表5.5 工业设计产业发展子系统指标权重

一级指标	二级指标	熵值	差异系数	权重	一级指标权重
产业发展环境（G_A）	专职从事工业设计的人数（G1）	0.9031	0.0969	0.0334	0.3040
	设计人员增长率（G2）	0.9756	0.0244	0.0084	
	中高级职称人员占比（G4）	0.7878	0.2122	0.0731	
	工业设计企业数（G5）	0.9058	0.0942	0.0324	
	工业设计企业增长率（G6）	0.9042	0.0958	0.0330	
	省级工业设计中心（G7）	0.9042	0.0958	0.0330	
	当地产业数量（G8）	0.9430	0.0570	0.0196	
	财政补助(省级与专项资金)（G9）	0.7828	0.2172	0.0748	
	颁布的政策条例（G10）	0.9599	0.0401	0.0138	

一级指标	二级指标	熵值	差异系数	权重	一级指标权重
产业效益 (G_B)	产业总收入（G11）	0.7686	0.2314	0.0797	0.4065
	工业设计服务收入（G12）	0.8290	0.1710	0.0589	
	服务设计收入占比（G13）	0.9689	0.0311	0.0107	
	服务企业数量（G14）	0.8603	0.1397	0.0481	
	设计成果交易数量（G16）	0.7030	0.2970	0.1022	
	设计成果转换产值（G17）	0.6895	0.3105	0.1069	
创新成果 (G_C)	专利授权数（G19）	0.7148	0.2852	0.0982	0.2895
	获省级以上设计奖数（G20）	0.7456	0.2544	0.0876	
	设立主办工业设计大赛（G21）	0.9255	0.0745	0.0256	
	工业设计活动（G22）	0.7732	0.2268	0.0781	

表 5.6　区域经济发展子系统指标权重

一级指标	二级指标	熵值	差异系数	权重	一级指标权重
经济发展水平 (F_A)	地区生产总值（F1）	0.8929	0.1071	0.0651	0.4834
	人均生产总值（F2）	0.9591	0.0409	0.0637	
	固定资产投资（F3）	0.9299	0.0701	0.0499	
	居民储蓄存款年末余额（F4）	0.9168	0.0832	0.0799	
	金融机构存款余额（F5）	0.8629	0.1371	0.0748	
	地方财政总收入（F6）	0.8611	0.1389	0.0654	
	进出口总额（F7）	0.8896	0.1104	0.0846	

一级 指标	二级 指标	熵值	差异系数	权重	一级 指标 权重
经济 结构 （F_B）	第二产业占比（F9）	0.9754	0.0246	0.0699	
	第三产业占比（F10）	0.9334	0.0666	0.0754	
	工业总产值（F11）	0.9121	0.0879	0.0820	0.3079
	工业企业利润总额（F12）	0.9123	0.0877	0.0805	
社会 生活 （F_C）	城镇居民人均可支配收入（F13）	0.9714	0.0286	0.0650	
	农村居民人均可支配收入（F14）	0.9699	0.0301	0.0687	
	森林覆盖率（F17）	0.9544	0.0456	0.0388	0.2087
	污水处理率（F18）	0.9747	0.0253	0.0211	
	工业废气排放量（F19）	0.9943	0.0057	0.0151	

综合表 5.5 和表 5.6 可知，在工业设计产业发展评价体系中，权重从大到小依次为产业效益维度（0.4065）、产业发展环境维度（0.3040）、创新成果维度（0.2895），在区域经济发展评价体系中权重从大到小依次为经济发展水平维度（0.4834）、经济结构维度（0.3079）、社会生活维度（0.2087）。

5.3.5　综合评价指标测算

采用熵值赋值法进行综合指标测算，将各地区相关年份数据依次代入，得到表 5.7、表 5.8。

表 5.7　工业设计产业综合发展水平

区域	2015 年	2016 年	2017 年	2018 年	2019 年	2020 年
杭州	0.2656	0.1949	0.1855	0.2496	0.2711	0.2937
宁波	0.3446	0.3230	0.4561	0.4113	0.4485	0.5312
温州	0.0709	0.1577	0.1295	0.1000	0.1351	0.1208
湖州	0.0999	0.0776	0.0946	0.0904	0.0997	0.1082
嘉兴	0.3003	0.2204	0.2607	0.2916	0.3079	0.2323
绍兴	0.3566	0.3004	0.2653	0.2977	0.2623	0.2050
金华	0.1769	0.1701	0.2104	0.1805	0.1711	0.1563
衢州	0.0631	0.0819	0.0739	0.1428	0.0830	0.0916
舟山	0.0643	0.0504	0.0789	0.0455	0.0445	0.0391
台州	0.0924	0.0749	0.0989	0.1179	0.1219	0.1142
丽水	0.0330	0.0235	0.0513	0.0469	0.1110	0.0838

表 5.8　区域经济综合发展水平

区域	2015 年	2016 年	2017 年	2018 年	2019 年	2020 年
杭州	0.5913	0.6422	0.6940	0.7555	0.8190	0.8906
宁波	0.5006	0.5335	0.6060	0.6645	0.7185	0.7537
温州	0.2628	0.2904	0.3159	0.3490	0.3869	0.4113
湖州	0.2171	0.2376	0.2748	0.3136	0.3446	0.3671
嘉兴	0.1393	0.1586	0.1801	0.2041	0.2343	0.2548
绍兴	0.2396	0.2496	0.2788	0.2930	0.3358	0.3594
金华	0.2291	0.2541	0.2686	0.2957	0.3242	0.3391
衢州	0.0909	0.1094	0.1228	0.1382	0.1574	0.1595
舟山	0.1234	0.1350	0.1495	0.1695	0.1822	0.2049
台州	0.1991	0.2269	0.2588	0.2642	0.3142	0.3316
丽水	0.0792	0.0953	0.1081	0.1461	0.1499	0.1637

根据表 5.7、表 5.8 可知，就工业设计产业综合发展水平而言，浙江省 11 个地级市处于 0.02~0.60，其中宁波 2016 年以来一直处于领先地位，而其余地级市均低于 0.32；就区域经济综合发展水平而言，浙江省 11 个地级市均处于 0.07~0.90，2015 年以来各区域经济发展水平都有所提升，但差异显著。

5.4　工业设计产业与区域经济发展耦合分析

5.4.1　耦合关系分析

5.4.1.1　耦合度模型构建

工业设计产业与区域经济发展在评价体系和相关数据上存在差异，为此对相关数据进行无量纲处理，通过文献研究采用下述模型：

$$C = \frac{2 \times (U_1 \times U_2)^{\frac{1}{2}}}{U_1 + U_2}$$

式中，C 代表两个系统间的耦合度，其值与耦合度成正比关系，且 $C \in [0, 1]$，U_1 代表工业设计产业发展综合评价值，U_2 代表区域经济发展综合评价值。

当前对耦合度的研究多采用中值分段法，但在具体的阈值设定上有所差异：阮君将阈值设为 0.25、0.6 和 0.85[①]；梁留科在进行耦合度计算时以 0.4 和 0.6 为界[②]；尹庆民等拓展到三系统耦合度计算时，设定的阈值为 0.3、0.5 和 0.8，并将耦合阶段划分为无关联及低水平耦合阶段、拮抗耦合阶段、磨合阶段和高水平耦合阶段[③]。基于本研究两个子系统间的耦合度，选择以 0.3、0.5、0.8 为分界，具体阶段划分如表 5.9 所示。

表 5.9　耦合度标准

序号	耦合度	耦合阶段
1	0	无关联
2	(0, 0.3)	低水平耦合阶段
3	[0.3, 0.5)	拮抗耦合阶段
4	[0.5, 0.8)	磨合阶段
5	[0.8, 1]	高水平耦合阶段

① 阮君：《淮河经济带安徽段经济—生态耦合协调分析》，《中国环境管理干部学院学报》2019 年第 6 期，第 10~13 页。
② 梁留科、王伟、李峰、王冠孝、蒋思远、宁立新：《河南省城市化与旅游产业耦合协调度时空变化研究》，《河南大学学报》（自然科学版）2016 年第 1 期，第 1~8 页。
③ 尹庆民、吴益：《中国水—能源—粮食耦合协调发展实证分析》，《资源与产业》2019 年第 6 期，第 20~29 页。

5.4.1.2　耦合度测算

将工业设计产业发展的测算数据与区域经济发展的测算数据代入耦合度模型计算，结果如表 5.10 所示。

表 5.10　工业设计产业与区域经济发展耦合度

区域	2015 年	2016 年	2017 年	2018 年	2019 年	2020 年
杭州	0.9250	0.8453	0.8159	0.8640	0.8645	0.8637
宁波	0.9828	0.9693	0.9900	0.9719	0.9729	0.9849
温州	0.8180	0.9551	0.9082	0.8322	0.8759	0.8378
湖州	0.8291	0.8615	0.8728	0.8334	0.8343	0.8386
嘉兴	0.9305	0.9866	0.9832	0.9843	0.9907	0.9989
绍兴	0.9406	0.9457	0.9697	0.9787	0.9724	0.9619
金华	0.9417	0.9502	0.9926	0.9703	0.9511	0.9294
衢州	0.8135	0.7896	0.7686	0.7999	0.8009	0.8228
舟山	0.8492	0.7898	0.7511	0.8167	0.7942	0.7337
台州	0.9307	0.8640	0.8946	0.9238	0.8975	0.8729
丽水	0.8015	0.7965	0.8145	0.8580	0.9288	0.8465

由表 5.10 可知，浙江省 11 个地级市的耦合关联度处于区间（0.7，1.0），且 66 个数据中有 58 个数据处于高水平耦合阶段，占比 87.9%；8 个数据处于磨合阶段，占比 12.1%，整体上处于高水平耦合阶段，表明两者存在密切的关联，并相互制约、相辅相成。

5.4.1.3 耦合度结果分析

5.4.1.3.1 耦合度时序变化

将耦合度按照时间变化进行可视化处理，地区层面工业设计产业与区域经济发展耦合度如图 5.1 所示。

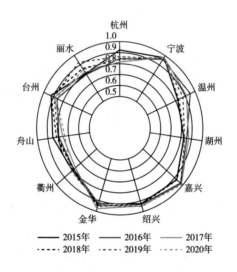

图 5.1 地区层面工业设计产业与区域经济发展耦合度

由图 5.1 可知，虽然部分地区时序维度上的耦合发展水平有所波动，但并未对整体呈现高耦合度且区域间耦合差异较小的趋势造成根本性影响，这可能与浙江省经济发展水平较高和区位优势明显，且省内经济发展水平差异较小有关。

5.4.1.3.2　耦合度空间演化分析

两个系统的耦合度保持在较高水平，若按照耦合度评

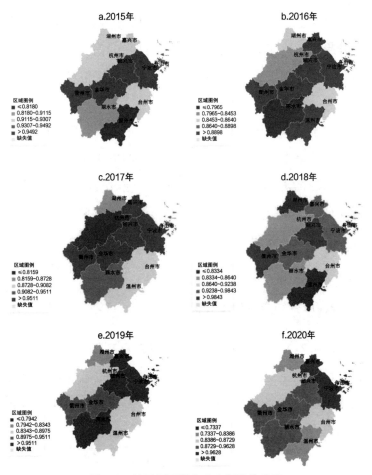

图 5.2　地区层面耦合度空间演化示意

价标准则难以分析其差异，因此通过自然断裂法将 11 个
地级市的耦合度划分为极高、较高、中等、较低、极低五
阶，以提升差异度，便于获取更多的信息。

总体上，2015~2020 年浙江省 11 个地级市耦合度呈
上升趋势；除了位于浙南的温州、丽水和位于浙北的杭
州、湖州出现了耦合度空间变化，其余地区相对平稳，差
异不大。

位于浙南的温州、丽水两个地级市的耦合度随时间的
推移整体呈上升趋势，表明两个系统的关联性增强；但位
于浙北的杭州耦合度却在低位徘徊，通过对两个系统的分
析发现，杭州虽然在两子系统上均处于较高水平，但耦合
度却较低，这可能与杭州的产业较多，对工业设计产业的
依赖度较低有关。这也表明了两个系统并非成比例关系。

5.4.2 耦合协调度分析

5.4.2.1 耦合协调度模型构建及测算

耦合度在度量系统间作用关系的强度上有优势，但在
描述系统间协调性上存在不足，为了解决这一问题，本章
引入耦合协调度模型：

$$\begin{cases} D = \sqrt{C \times T} \\ T = a\,U_1 + b\,U_2 \end{cases}$$

模型中 D 表示耦合协调度，且 $D \in [0, 1]$；C 为上文得到的两个系统的耦合度；T 表示两个系统的综合协调指数，反映两者的协同效用；a、b 分别指代工业设计产业与区域经济发展的系数，且 $a+b=1$，鉴于两个系统的重要性相同，设定 $a=b=0.5$。

将相关数据代入模型中，具体运算结果如表 5.11 所示。

表 5.11　工业设计产业与区域经济发展耦合协调度

区域	2015 年	2016 年	2017 年	2018 年	2019 年	2020 年
杭州	0.6295	0.5948	0.5990	0.6589	0.6865	0.7152
宁波	0.6445	0.6443	0.7251	0.7230	0.7534	0.7955
温州	0.3694	0.4626	0.4497	0.4322	0.4781	0.4721
湖州	0.3837	0.3685	0.4015	0.4103	0.4305	0.4465
嘉兴	0.4522	0.4324	0.4655	0.4939	0.5183	0.4933
绍兴	0.5407	0.5233	0.5215	0.5434	0.5448	0.5210
金华	0.4487	0.4559	0.4876	0.4807	0.4853	0.4798
衢州	0.2751	0.3077	0.3086	0.3748	0.3381	0.3477
舟山	0.2985	0.2872	0.3296	0.2963	0.3000	0.2992
台州	0.3683	0.3611	0.4000	0.4201	0.4424	0.4411
丽水	0.2261	0.2174	0.2729	0.2878	0.3591	0.3422

由表 5.11 可知，浙江省 11 个地级市耦合协调度均处于区间（0.2，0.8），且区域间差异显著。

5.4.2.2 耦合协调度分析

5.4.2.2.1 时序分析

通过对耦合度按时序进行可视化处理,得到图5.3。

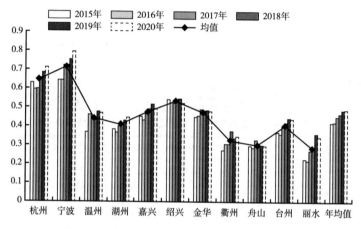

图5.3 工业设计产业与区域经济发展耦合协调度

由图5.3可知,浙江省11个地级市2015~2020年耦合协调度均值处于区间(0.4,0.5),且各地级市耦合协调度差异显著。

2015~2020年,宁波市耦合协调度最高,均值达到0.7143;杭州市次之,均值为0.6473,且两市均稳定处于较高水平,这表明两地工业设计产业与区域经济发展形成了良好的协同互助,但进一步分析发现两地在耦合度上差异较大，这表明杭州市对工业设计产业的依赖度低于宁波市。

衢州市、舟山市和丽水市的耦合协调度较低，均值位于区间（0.2，0.4），分别为 0.3253、0.3018 和 0.2843。其中舟山市的耦合协调度在 2017～2018 年有所波动，但总体相对稳定，其他两市协调度总体呈上升趋势，并突破 0.3。但 3 个地级市的工业设计产业和经济未形成协同发展，有很大的改善空间。

其余地级市协调度均值位于区间（0.4，0.6），与上述地级市相比，温州市、湖州市和台州市的耦合协调度总体有较大提升。

5.4.2.2.2　空间分析

通过从空间层面进行可视化处理得到图 5.4。

由图 5.4 可知，耦合协调度较低的地级市多位于浙南和浙中区域，同时这些地级市在工业设计产业与区域经济发展两个子系统中也处于较低水平；与之形成对比的是宁波市与杭州市，两者的耦合协调度较高且位于浙北的平原地区，同时两者在两个子系统中都处于较高水平。地形和交通条件可能是造成这一现象的原因。

从空间上看，耦合协调度以杭州市、宁波市、绍兴市为峰值向两侧衰减，形成了中间高、两侧低的发展态势，表现出显著的南北差异。从时间上看，浙北地区耦合协调

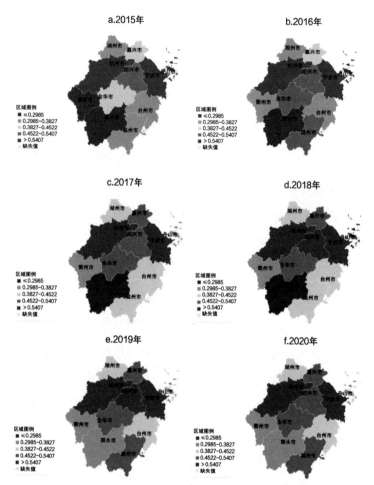

图 5.4　工业设计产业与区域经济发展耦合协调度空间演化示意

度在 2016 年前显著提升后趋于稳定，之后耦合协调度提升的主要区域是浙南地区。

5.5　对策建议

通过对浙江省11个地级市的工业设计产业与区域经济发展的耦合协调度分析，发现部分地级市的耦合协调度存在可优化和调整的空间，以便让工业设计产业与区域经济发展携手共进，更好推动整体经济发展。下面将从政府扶持引导、工业设计产业创新机制和人才培养三个维度提出对策建议。

在政府扶持引导方面主要有以下建议：①加强统筹布局与政策引导。从省级乃至国家级层面进行统筹规划，避免出现各地重复造轮子的窘境；同时通过配套政策的制定与实施，推动地方工业设计产业与区域经济协同发展。②提供资金扶持。通过设立专项资金、税收减免和拓宽融资渠道等方式解决工业设计企业发展所面临的资金困难。③加强知识产权保护与监管。工业设计产业的产出主要是以数字化方式呈现的智力成果，良好的知识产权保护环境能够极大地激发工业设计企业的创新积极性，从而实现促进工业设计产业与区域经济更好地协同发展。

在工业设计产业创新机制方面主要有以下建议：①构建创新型服务平台。通过工业设计研究院、设计园区等创新服务平台的构建推动工业设计产业发展、工业设计产业与制造业深度融合，以便更好地整合行业资源，促进集成创新。②加大制造业创新投入。通过引入设计服务、整合外部创新资源、发挥龙头企业引领作用等方式增加制造业企业在创新与研发阶段的资金投入，实现提升制造业竞争力和发展工业设计产业的双重目标。

在人才培养方面主要有以下建议：①优化教育体系。在依托高校资源的基础上加强与产业企业的合作，培养能够适应产业发展形势的应用型人才乃至领军型人才，从而更好地推动经济发展。②建立健全工业设计人才评价机制。以工业设计职业资格考评为基础，兼顾市场与社会评价，建立多元、立体的工业设计人才评价体系，为工业设计人才享受相应的人才补贴提供保障，从而更好地吸引设计人才，推动产业发展。③加强人才引进。通过完善人才补贴、社会保障等制度，增强地区对国内外高水平设计人才和设计团队、大学生人才的吸引力，为产业发展注入强劲的动力。

5.6 结论

本章从耦合视角对工业设计产业与区域经济发展进行

了研究，分析了两者的耦合发展关系，以浙江省为例从时序和空间层面阐述了两者耦合度、耦合协调度的变化及特征；构建了能够较为全面测评两者关系的综合评价指标体系；对两者的耦合协调发展提供了有针对性的政策建议。

通过对浙江省 11 个地级市工业设计产业与区域经济发展的面板数据进行耦合分析得出以下结论。

浙江省的工业设计产业与区域经济之间紧密联系，存在高水平的耦合作用，并在整体上呈稳定上升趋势。从耦合度评价来看，浙江省 11 个地级市的 66 个相关数据中有 58 个数据处于高水平耦合阶段，占比 87.9%；8 个数据处于磨合阶段，占比 12.1%，整体水平较高。

工业设计产业和区域经济发展都无法单方面影响耦合性。经济发展水平最高的杭州市的耦合度较低，经济发展和工业设计发展水平都较低的丽水市的耦合度却呈稳定增长态势。

第6章 工业设计产业发展与制造业碳排放耦合协调的时空演化研究

碳中和，是指企业、团体或个人在一定时间内，对直接或间接产生的温室气体排放总量进行测算，通过节能减排等形式，以抵消自身产生的二氧化碳排放量，从而实现二氧化碳"零排放"的目标。在第75届联合国大会上，我国郑重承诺：努力争取在2060年前实现碳中和的目标。制造业作为生产活动的核心，是二氧化碳排放密度最高的行业。为积极践行低碳理念、探索碳中和实现路径，众多学者开始关注与制造业碳排放相关产业的耦合协调关系。

在我国目前的产业结构中，工业领域的碳排放量占总排放量的近80%，而制造业作为工业领域碳排放的主体，其"高投入、高污染、高产出"的生产模式与全社会低碳转型的发展要求之间的矛盾日益尖锐。产业结构优化升级是促进我国经济高质量发展与碳排放脱钩的有效途径。对处于转型时期的制造业而言，创新的生产模式和相应的生产链优化是重点发展方向。优化工业生产模式和提升碳减排能力，不仅有利于应对全球气候变化问题，而且有利于实现国家生态安全、生物多样性保护等可持续发展目标。

在当今世界制造业竞争日益加剧的背景下，工业设计的高附加价值已成为推动先进制造业发展的重要力量。许多发达国家纷纷出台"设计立国"相关战略，以增强自身核心竞争力。通过工业设计产业发展，从根本上把控产品的生产流程与相关工艺，促进制造业转型升级，使得相应的碳排放增速减缓，是工业领域绿色发展的有效途径。因此，探究工业设计产业发展与制造业碳排放之间的动态关系，是我国针对产业发展和制造业碳减排亟待解决的重大问题。

本章运用熵值法、耦合协调度模型来量化浙江省工业设计产业发展与制造业碳排放间的耦合关系，反映相关因子间耦合协调度的时空演变趋势。相关研究结果表明，在工业设计产业发展中，产业的环境生态与碳排放互动最为紧密，但产业发展的耦合协调度在时空格局下差异显著。本章以浙江省为例进行实证研究，发现产业发展的耦合协调度在空间上浙北明显优于浙南，在时间上整体向优稳步推进，同时产业发展与制造业碳减排耦合协调度逐年提升的态势明显，其可作为制造业转型升级的最优路径之一。

当今工业设计已先行出发，从源头上思考、研究、践行绿色设计理念，以实际行动积极参与研究符合碳中和要求的设计路径。

6.1 工业设计产业与碳排放

2020 年 9 月 22 日中国在第 75 届联合国大会上宣布，将通过提高国家自主贡献力度，采取有效措施，使二氧化碳排放力争于 2030 年前达到峰值，努力争取 2060 年前实现碳中和的宏伟目标[①]。2021 年国务院 4 号文件指出，绿色低碳循环发展经济体系的建立健全，是当前实现产业转型升级的重要导向[②]。目前我国产业结构中，工业领域的碳排放量占总排放量的近 80%[③]，而制造业作为工业领域碳排放的主体，其"高投入、高污染、高产出"的生产

---

① 佟哲、周友良：《新发展格局下中国实现碳达峰、碳中和的现状、挑战及对策》，《价格月刊》2021 年第 8 期，第 32~37 页。
② 周宏春：《碳中和背景下的产业转型升级路在何方》，《中国商界》2021 年第 8 期，第 34~35 页。
③ 李永明、张明：《碳达峰、碳中和背景下江苏工业面临的挑战、机遇及对策研究》，《现代管理科学》2021 年第 5 期，第 20~29 页。

模式与绿色低碳发展要求之间的矛盾日益尖锐。处于转型时期的制造业，生产模式的革新和对应生产链的优化成为重点发展方向。工业设计位于生产链的上游，直接决定了相关工业产品的生产流程，极大程度地影响了对应制造环节的碳排放量，要实现制造业绿色转型，对工业设计产业的研究举足轻重[①]。因此，明晰制造业碳排放与工业设计产业各个评价指标之间的耦合互动关系是实现制造业绿色发展的重要基础，也是明确制造业发展方向及相关路径、构建绿色低碳经济体系的重要理论支撑。

在当今国际制造业竞争激烈的背景下，工业设计凭借其高附加价值的特征早已化身为高端制造发展的动力源泉，发达国家纷纷出台"设计立国"相关战略以增强自身核心竞争力[②]。在实现"中国制造"向"中国创造"跨越的征程中，工业设计产业健康稳定发展意义重大，经济发达省市抓住时代机遇，积极加快工业设计产业创新发展。其中，浙江省位于东南沿海，区域经济国际化接轨程度高、政府重视度高，且有相对发达的制造业作为基础，其工业设计产业发展迅速。浙江省制造业创新发展中，工

———

① 李晓西、潘建成：《中国绿色发展指数研究》，载郑新立主编《中国经济分析与展望（2010~2011）》，社会科学文献出版社，2011，第26页。

② 严未：《工业设计产业发展指数构建研究》，浙江工业大学硕士学位论文，2020。

业设计产业的发展具有鲜明的代表性，截至目前拥有省重点工业设计中心 262 家、18 个省级工业设计聚集中心，设计服务收入突破 180 亿元①。基于此，本章以浙江省 17 个拥有省级工业设计中心的典型区域代表为研究单元，通过构建合理的指标体系评价工业设计产业发展状况，并通过熵值法测算各指标权重，利用耦合协调度模型研究各指标与制造业碳排放之间的动态关系，探明制造业基于工业设计转型的侧重点。同时，进一步沿用耦合协调度模型构建 2018 年、2019 年、2020 年浙江省各区域工业设计产业的耦合协调状态分布模型，揭示近年来工业设计产业的时空演变特点，为实现工业设计产业的协调发展提供可靠的理论依据。

6.2　数据来源及研究设计

6.2.1　数据来源

本章研究所需数据分为两部分。第一部分是浙江省制造业碳排放数据，其计算涉及制造业的能源投入，因

---

① 沈君：《浙江设计产业发展经验对海南的启发》，《今日海南》2021 年第 3 期，第 61~62 页。

此选取《中国工业统计年鉴》《中国能源统计年鉴》作为相关数据来源。第二部分是浙江省工业设计产业及相关地区发展数据，主要来源于浙江省政府提供的《工业设计类产业动态监测数据汇总》《浙江省工业生产数据汇总》。

6.2.2 研究设计

6.2.2.1 工业设计产业纵向评价指标设计

工业设计产业发展的评价指标体系需要反映工业设计产业与一般产业的共性特征及其特殊性。为保证评价体系设计的客观性与实用性，需要选取定义清晰且易于捕捉的数据，为进一步的研究提供支持。当前有关工业设计产业评价指标体系构建的研究极少，本章根据官方可采集的数据及国内相关领域的研究文献[1]，结合文化创意类产业评价体系标准，将工业设计产业评价体系识别为资源规模指数、创新效益指数、环境生态指数3个一级指标，并以此

---

[1] 徐冰、孙旭楠、唐智川：《工业设计企业竞争力评价体系研究与实证》，《浙江工业大学学报》（社会科学版）2019年第4期，第416~421页；刘键、蒋同明：《新型工业化视角下的工业设计产业升级路径研究》，《宏观经济研究》2018年第7期，第122~131页；赵敏：《浙江省工业设计示范基地综合能力评价体系研究》，浙江工业大学硕士学位论文，2018；梁昌文、龚悦、龚青、肖明威、张妍：《佛山市工业设计评价指标体系的构建》，《现代经济信息》2013年第11期，第375~376页。

为基础，将一级指标细分为由可监测的动态数据反映的二级指标，包括：工业设计企业数（个）、服务类企业数（个）、工业设计从业人数（人）、产业营业收入（万元）、专利授权数（个）、设计成果交易数（个）、省级财政支持资金（万元）、地方财政配套资金（万元），如表6.1所示。

表6.1　工业设计产业纵向评价指标体系

	一级指标	二级指标
工业设计产业纵向评价指标	资源规模指数	工业设计企业数 服务类企业数 工业设计从业人数
	创新效益指数	产业营业收入 专利授权数 设计成果交易数
	环境生态指数	省级财政支持资金 地方财政配套资金

6.2.2.2　熵值法赋值指标权重

本章引进以计算指标信息熵为基础的熵值法。根据各指标历年动态数据，对其进行正向化（MMS）处理，再计算具体权重，得到所有指标的重要性排序。假设指标为 $X_1 \sim X_k$。

$$Y_{ij} = \frac{X_{ij} - \text{Min } X_i}{\text{Max } X_i - \text{Min } X_i} \qquad (6.1)$$

式（6.1）为各指标正向化处理模型。其中，Y_{ij} 为该指标的各个样本经过正向化处理后得到的新变量，X_{ij} 为该指标对应的各个样本，$\text{Max } X_i$ 和 $\text{Min } X_i$ 分别对应正向化的各样本中的最大值和最小值。

$$P_{ij} = \frac{Y_{ij}}{\sum_{i=1}^{n} Y_{ij}} \qquad (6.2)$$

$$E_{ij} = -\ln(n)^{-1} \sum_{i=1}^{n} P_{ij}\ln P_{ij} \qquad (6.3)$$

$$W_i = \frac{1 - E_i}{k - \sum E_i} \qquad (6.4)$$

将正向化处理得到的新变量 Y_{ij} 依次带入式（6.2）、式（6.3），得到各个变量对应的信息熵 E_{ij}，再将信息熵带入式（6.4）得到该指标对应的权重。

6.2.2.3　耦合协调度模型评价方法

工业设计产业的发展与实体制造业生产模式之间相互联系、博弈的过程是制造业转型升级的动态过程，也是影响制造业碳排放的重要因素。本章将工业设计产业发展纵向评价指标定性为 3 个一级指标，并以此为参数衡量其与制造业碳排放之间的耦合互动，同时以耦合协调度为标准对工业设计产业的发展进行评价，参考涉及耦合协调度的相关文献①，构建工业设计产业发展与制造业碳排放间的耦合度模型及工业设计产业发展的耦合协调度模型。

6.2.2.3.1 耦合度模型

$$C = 2 \times \left[\frac{U_1 \times U_2}{(U_1 + U_2)^2} \right]^{\frac{1}{2}} \quad (6.5)$$

式（6.5）中，C 为工业设计产业各纵向发展指标与制造业碳排放之间的耦合度，其中 C 取值区间为（0，1）。U_1 代表需要测算耦合度的工业设计产业评价指标的权重系数，由熵值法计算得到。在构建模型过程中，耦合度的取值区间决定式中 U_1、U_2 的取值区间同样为（0，1），因此 U_2 不宜直接使用对应碳排放量值。测算该耦合度的目的是探究各评价指标与碳排放之间的耦合度，反映碳排放量的相对振幅即可，故选取对应于制造业的碳排放量的权重作为 U_2，通过相应年份制造业碳排放量求和归一化得到。

────────

① 王成、唐宁：《重庆市乡村三生空间功能耦合协调的时空特征与格局演化》，《地理研究》2018 年第 6 期，第 1100~1114 页；佘茂艳、王元地：《科技创新与乡村振兴系统耦合协调发展及影响因素分析》，《统计与决策》2021 年第 13 期，第 84~88 页。

综合分析已有的研究成果,将各指标与碳排放权重之间的耦合度划分为 4 种类型,如表 6.2 所示。

表 6.2 工业设计产业发展评价指标与制造业碳排放耦合度类型划分

耦合度	耦合类型	特征
$C \in (0, 0.3]$	低水平耦合	该指标与制造业碳排放之间关联性较弱
$C \in (0.3, 0.5]$	拮抗耦合	该指标与制造业碳排放之间关联性加强,与生产环节出现一定连接
$C \in (0.5, 0.8]$	磨合耦合	工业设计产业该方向与制造业关联度较强,直接影响产品生产环节
$C \in (0.8, 1.0)$	高水平耦合	工业设计产业该方向与制造业关联度极强,影响生产的同时影响制造业发展状况

6.2.2.3.2 耦合协调度模型

耦合度反映了工业设计产业与制造业碳排放之间的作用程度,但无法精确展现两者关系究竟是相互制约还是相互促进。需要引进耦合协调度模型,对工业设计产业发展状况进行综合评价,研究其地域分布的变化,以此为基础研究工业设计产业发展和制造业碳排放之间的关联,计算模型如下。

$$C = 3 \times \left[\frac{U_1 \times U_2 \times U_3}{(U_1 + U_2 + U_3)^3} \right]^{\frac{1}{3}} \tag{6.6}$$

$$T = \beta_1 U_1 + \beta_2 U_2 + \beta_3 U_3 \tag{6.7}$$

$$D = \sqrt{C \times T} \tag{6.8}$$

涉及 3 个参数的耦合度，计算公式如式（6.6）所示。T 为协调指数，即耦合关系中的良性耦合程度，D 为耦合协调度，是综合评价产业发展及其与制造业碳排放关联的依据。其中 β_1、β_2、β_3 为参数 U_1、U_2、U_3 对应的权重，由上文熵值法计算得到。本文关于耦合协调的研究路径如下：第一，浙江省各地区工业设计产业发展耦合协调度随时间变化而变化的情况；第二，工业设计产业综合发展状况与制造业碳排放之间的耦合协调度。其中工业设计产业综合发展情况采用线性加权的方法评价，详见式（6.9）。

$$E = \sum_{i=1}^{n} W_i \times Y_i \tag{6.9}$$

式（6.9）中，E，工业设计产业综合发展状况，W_i，对应指标权重（为各年限样本汇总后求得的最终权重），Y_i，各样本正向化处理后的值。E 经求和归一化之后得到的值与制造业碳排放进行耦合协调度计算。

　　根据实际 D 值与一般文献[①]中耦合协调度划分规则，本章根据 D 值将耦合协调度进行如表 6.3 所示的划分。

表 6.3　工业设计产业发展的耦合协调阶段划分及特征

耦合协调度	耦合协调类型	特征
$D \in (0, 0.2]$	重度失调	工业设计产业发展极度落后，当地不重视工业设计等创新型产业
$D \in (0.2, 0.4]$	中度失调	传统产业仍占据绝对优势地位，工业设计产业处于萌芽阶段，原有产业结构逐步改善
$D \in (0.4, 0.6]$	初级协调	工业设计产业初具规模，传统制造业布局得到调整，生产中开始注重技术表现与文化传播
$D \in (0.6, 0.8]$	良好协调	工业设计产业发展规模稳定增长，工业生产结构基本实现转型，生产效率、质量大幅提升
$D \in (0.8, 1.0)$	优质协调	工业设计产业发展完善，传统产业完美转型为创新型产业，区域经济实现高质量发展

---

① 　王成、唐宁：《重庆市乡村三生空间功能耦合协调的时空特征与格局演化》，《地理研究》2018 年第 6 期，第 1100～1114 页；佘茂艳、王元地：《科技创新与乡村振兴系统耦合协调发展及影响因素分析》，《统计与决策》2021 年第 13 期，第 84～88 页；陈白璧、华伟平：《乡村旅游与精准扶贫耦合评价及发展策略——以南平市为例》，《福建师范大学学报》（哲学社会科学版）2021 年第 5 期，第 82～89+169 页。

表 6.4　工业设计产业发展与制造业碳排放的耦合协调度阶段划分及特征

耦合协调度	耦合协调类型	特征
$D \in (0,0.25]$	严重失调	工业设计产业发展未能起到促进制造业升级的作用,难以帮助制造业减少碳排放
$D \in (0.25,0.6]$	勉强协调	工业设计产业初步发展,在一定程度上促进了制造业低碳发展
$D \in (0.6,0.75]$	良好协调	工业设计产业与制造业形成良好互动,促进制造业升级的同时实现协同绿色发展
$D \in (0.75,1.0)$	优质协调	工业设计产业与制造业完美融合,形成高端制造链,大大降低制造业的碳排放

6.3　实证分析

6.3.1　工业设计产业发展评价指标体系

考虑到疫情对制造业造成的实际影响。本章针对浙江省 2016~2020 年 17 个地区工业设计产业发展情况,收集相应的二级指标数据,通过熵值法赋值方式,测算各评价指标权重,并通过取平均值的办法综合得出各指标的权重(见表 6.5)。

表 6.5　工业设计产业纵向评价指标体系

单位：%

一级指标	二级指标	熵值法权重	综合权重
资源规模指数	工业设计企业数	5.69	21.73
	服务类企业数	8.95	
	工业设计从业人数	7.09	
创新效益指数	产业营业收入	15.51	49.53
	专利授权数	16.77	
	设计成果交易数	17.25	
环境生态指数	省级财政支持资金	15.20	28.74
	地方财政配套资金	13.54	

工业设计产业纵向评价指标体系中，创新效益指数所占权重最大，资源规模指数所占权重最小但与环境生态指数所占权重较为接近。创新效益指数侧重于反映产业的创新力度及经济转化能力，作为高科技创新型产业的工业设计产业更为注重其创新能力，并以此作为产业发展的核心驱动力。就工业设计产业发展而言，产业的创新能力及经济价值转化的过程是突破点。资源规模指数集中反映了产业规模，作为服务型第三产业，工业设计产业的利润增加并不依赖于产业规模的扩大，而是通过创新附加于相关产业（如制造业）的模式来彰显，因此单纯产业规模的扩

大并不能成为产业的核心竞争力，难以强力推动其发展。环境生态指数主要是指其他方面对工业设计产业的支持，根据相关研究成果①，政府扶持在众多支持工业设计产业发展的外部因素中占据绝对主导地位，因此以政府投入资金力度为衡量标准。工业设计产业作为开源产业，无法完全承担生产链的运作，其可持续发展同样依赖于政府支持，故环境生态指数对其发展而言权重较高。

6.3.2　评价指标与制造业碳排放间耦合度排布情况

本章同样选取 2016~2019 年的工业设计产业相关数据，在表 6.5 确定的系数权重基础上测算各指标与制造业碳排放之间的耦合度。其中制造业碳排放量来自《中国能源统计年鉴》《浙江省工业生产数据汇总》中有关制造业投入能源数据，以 IPCC 模型为基础计算得到 2016~2019 年碳排放量。计算结果根据前文论述进行阶段类型划分（见表 6.6）。

---

①　严末：《工业设计产业发展指数构建研究》，浙江工业大学硕士学位论文，2020；徐冰、孙旭楠、唐智川：《工业设计企业竞争力评价体系研究与实证》，《浙江工业大学学报》（社会科学版）2019 年第 4 期，第 416~421 页；徐冰、孙旭楠、周超、唐智川：《工业设计产业与制造业融合的影响因素及实证研究》，《现代管理科学》2019 年第 11 期，第 39~41 页。

表 6.6 各指标与制造业碳排放耦合度时空排序情况

年份	资源规模指数	耦合度类型	创新效益指数	耦合度类型	环境生态指数	耦合度类型
2016	0.271	低水平耦合	0.199	低水平耦合	0.540	磨合耦合
2017	0.583	磨合耦合	0.308	拮抗耦合	0.325	拮抗耦合
2018	0.419	拮抗耦合	0.243	低水平耦合	0.980	高水平耦合
2019	0.199	低水平耦合	0.726	磨合耦合	0.998	高水平耦合

　　根据表 6.6 中的纵向观察，各项评价指标中资源规模指数、创新效益指数随时间的推移与制造业碳排放耦合度呈波动形态，如资源规模指数出现"低水平耦合——磨合耦合——拮抗耦合"的峰值函数形态，而环境生态指数呈递增趋势。从横向比较，各评价指标中环境生态指数与制造业碳排放耦合度最高，二者关联最为紧密，近年来甚至呈现高水平耦合状态，资源规模指数和创新效益指数与制造业碳排放耦合度较低。环境生态指数相较于另两项指标，更多的是涉及与工业设计产业相关的生态情况，与相关产业之间联系较紧密，因此与

制造业碳排放的关联度较高。2016～2018 年以来，环境生态指数与制造业碳排放的耦合关系由磨合耦合逐渐发展为高水平耦合，充分说明了政府对各产业的统筹布局对实际生产中碳排放产生着主导性影响。资源规模指数及创新效益指数两项评价指标主要针对工业设计产业本身而言，处于较为封闭的系统中，与制造业关联程度相对下降，尤其是创新效益指数更为集中地反映了工业设计产业的特征，其与制造业碳排放的耦合度除 2019 年外均低于资源规模指数。在工业设计产业发展中，环境生态是其服务于制造业产业绿色升级的重要方向。政府在重视创新型科技产业发展的同时，对产业的统筹安排将成为建设绿色低碳经济体系的重中之重。在碳中和目标下，政府在协调产业间发展的过程中扮演的角色颇为突出。

6.3.3 工业设计产业发展的耦合协调度分布

将基于样本地区工业设计产业通过熵值法计算得到的各指标权重带入耦合协调度模型得到 2016～2019 年浙江省工业设计产业发展的耦合协调度，如表 6.7 所示。以表 6.7 为基础，绘制对应耦合协调地域分布情况（见图 6.1）。

表 6.7　2016~2019 年浙江省工业设计产业发展耦合协调度状况

地区	2016 年		2017 年		2018 年		2019 年	
	耦合协调度 D 值	耦合协调程度	耦合协调度 D 值	耦合协调程度	耦合协调度 D 值	耦合协调程度	耦合协调度 D 值	耦合协调程度
杭州	0.618	良好协调	0.730	优质协调	0.870	优质协调	0.820	优质协调
宁波	0.473	初级协调	0.627	良好协调	0.502	良好协调	0.674	良好协调
温州	0.164	重度失调	0.185	重度失调	0.168	重度失调	0.150	重度失调
湖州	0.281	中度失调	0.274	中度失调	0.199	重度失调	0.183	重度失调
海宁	0.481	初级协调	0.475	初级协调	0.637	良好协调	0.725	良好协调
绍兴	0.552	初级协调	0.565	初级协调	0.449	初级协调	0.444	初级协调
永康	0.192	重度失调	0.277	中度失调	0.196	重度失调	0.213	中度失调
衢州	0.252	中度失调	0.242	中度失调	0.392	中度失调	0.513	初级协调
舟山	0.266	中度失调	0.281	中度失调	0.178	重度失调	0.186	重度失调
台州	0.330	中度失调	0.367	中度失调	0.381	中度失调	0.377	中度失调
丽水	0.153	重度失调	0.199	重度失调	0.150	重度失调	0.248	中度失调
义乌	0.289	中度失调	0.346	中度失调	0.461	初级协调	0.424	初级协调

续表

地区	2016 年		2017 年		2018 年		2019 年	
	耦合协调度 D 值	耦合协调程度	耦合协调度 D 值	耦合协调程度	耦合协调度 D 值	耦合协调程度	耦合协调度 D 值	耦合协调程度
桐乡	0.306	中度失调	0.283	中度失调	0.322	中度失调	0.405	初级协调
萧山	0.154	重度失调	0.145	重度失调	0.152	重度失调	0.160	重度失调
余杭	0.191	重度失调	0.168	重度失调	0.382	中度失调	0.231	中度失调
诸暨	0.105	重度失调	0.105	重度失调	0.109	重度失调	0.100	重度失调
乐清	0.178	重度失调	0.134	重度失调	0.130	重度失调	0.124	重度失调

工业设计产业发展耦合协调度的高值区域是以杭州、宁波、绍兴、嘉兴为主的浙北地区，其中浙北以省会城市杭州、计划单列市宁波的发展最为突出，前者常年保持优质协调状态，后者稳定保持良好协调状态，两个核心城市均对周围区域产生了一定的辐射效应。而以温州、丽水为主的浙南区域工业设计产业发展耦合协调度不高，如温州市处于重度失调状态，空间分布上整体呈"北高南低"的态势。从发展趋势的角度看，省内

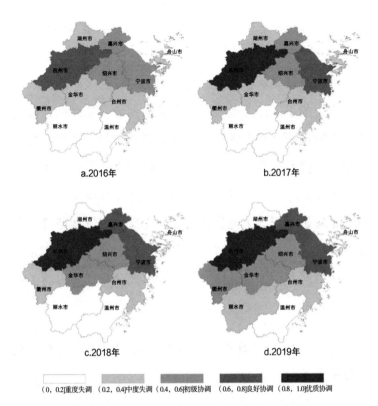

a.2016年   b.2017年

c.2018年   d.2019年

(0, 0.2]重度失调   (0.2, 0.4]中度失调   (0.4, 0.6]初级协调   (0.6, 0.8]良好协调   (0.8, 1.0]优质协调

图 6.1 2016~2019 年浙江省工业设计产业发展耦合协调度示意

工业设计产业整体的耦合协调度呈递增状态，其中浙中地区如金华市，耦合协调度随时间的推移而变化明显，浙北区域中衢州地区耦合协调度出现明显的波动，2017~2018 年出现倒退现象。浙江省自 2015 年以来大力发展工业设计产业，以 2017 年为关键时间节点，当

年针对工业设计产业提出明确的发展目标及服务模式①，旨在通过工业设计与服务业、制造业、互联网的深度融合打造新型制造强省，通过抓市场、抓人才、抓政策等强有力的手段使工业设计产业迎来新的发展高潮，杭州市、宁波市两个产业重镇于当年分别跨入优质协调阶段和良好协调阶段，浙北区域当年也整体实现耦合协调度的阶段性跨越。综上，可以做出预测，在浙江省政府的强力支持与正确引导下，工业设计产业将保持稳定发展趋势，产业发展将会更加有序，省内工业设计产业在空间上南北呼应，区域间差距缩小、协调发展，形成全省范围内的工业设计产业链。

6.3.4　工业设计产业发展与制造业碳排放的动态耦合协调关系

根据上文计算所得的各指标权重，将所采集的各地区数据进行汇总作为浙江省工业设计产业的对应数据，通过式（6.9）线性加权法得出反映浙江省工业设计产业发展状况的指标值。将其与制造业碳排放求和归一化后的系数

---

① 《浙江省人民政府办公厅关于进一步提升工业设计发展水平的意见》（浙政办发〔2017〕105号），2017年9月26日；《浙江省工业设计发展情况调研报告》，《中国科技产业》2017年第8期，第22~27页。

进行耦合协调分析，得到工业设计产业发展与制造业碳排放的耦合协调关系（见表6.8）。

表6.8 2016~2019年工业设计产业发展与制造业
碳排放之间的耦合协调关系

年份	耦合协调度 D 值	耦合协调程度
2016	0.100	严重失调
2017	0.577	勉强协调
2018	0.784	良好协调
2019	0.955	优质协调

根据表6.8显示的动态数据，浙江省整体工业设计产业发展与制造业碳排放间的耦合协调关系自2016年开始逐步趋优，2019年达到了优质协调程度。浙江省大力支持以工业设计产业为代表的高科技创新型产业发展，制造业升级效益明显，实现工业设计产业生产链上游的全面革新，通过从源头上实质性地把控产品的生产流程与相关工艺，倒逼制造业转型，相应的碳排放增速减缓。就两者的优质协调关系而言，新兴产业与绿色经济之间形成良好的协调发展态势。工业设计产业与制造业碳排放之间的优质协调充分说明了大力支持新兴产业发展是打造绿色低碳循环发展经济体系的优选路径。

6.4　结论

工业设计产业发展与制造业碳排放之间有紧密耦合的关系。在影响产业发展的各因素中，环境生态指数与制造业碳排放之间的耦合度最高，近年来表现为高水平耦合。而资源规模指数、创新效益指数与碳排放之间的耦合度明显较低，且呈波动形态，如资源规模指数 2016～2018 年与碳排放之间耦合度呈先增后减的演化态势。在实现传统制造业转型升级的过程中，工业设计产业扮演着不可或缺的角色，通过工业设计使制造业向服务型转变，实现创新发展，从而建立绿色低碳发展经济体系。在工业设计发展驱动绿色制造的过程中，根据耦合度数值，需要大力提升产业的环境生态指数，集中体现为政府对工业设计产业的大力支持及对各个产业的宏观调控。政府所扮演的角色的重要性在绿色制造转型过程中尤为突出，需要统筹协调产业发展，淘汰过剩产能，发展新兴产业，政府的宏观调控政策将成为产业转型升级中的关键。

工业设计产业的发展依靠规模扩张、创新驱动、政策支持等多方面因素产生的复合作用。通过熵值法可具体计算各因素所占权重，为工业设计产业的发展寻找侧重点。

运用耦合协调度模型可以判断近年来工业设计产业发展的耦合协调度情况与浙江省内产业分布情况，为省域内产业综合协调发展提供重要参考。计算 2016～2019 年的产业数据可以发现，对产业发展而言创新效益指数最为关键，工业设计产业的创新成果转化是产业发展的核心动力，鼓励从业人员积极创新是产业扩展的重中之重。就产业分布而言，浙北地区耦合协调情况明显优于浙南地区，杭州、宁波等大型城市的情况明显优于其他地区。实现工业设计产业的全面协调可持续发展，必须缩小地域间差距，重点推动浙南地区的产业发展，注重大城市的辐射效应，使更多的设计资源从核心城市向中小型城市转移，引导工业设计产业在空间上的发展更为有序，推动浙江省整体产业发展。

　　工业设计产业发展与制造业碳排放之间的耦合协调度是研究工业设计产业对制造业碳减排的贡献的实证内容。本章通过线性加权法计算浙江省整体的工业设计产业发展水平，并将其与制造业碳排放数值归一化处理后进行耦合协调度分析。结果表明，2016 年以来，浙江省工业设计产业发展与制造业碳排放之间的耦合协调度逐年向好，从"严重失调"变为"优质协调"。该结果充分表明，工业设计产业的发展与制造业碳排放之间的联系紧密，且工业设计能够有效降低碳排放，这是制造业绿色转型的重要路径。未来应大力支持工业设计产业发展，从政策、资金、市场、人才等多方面入手，全方位促进产业格局优化，进一步增进工业设计产业与制造业绿色转型之间的耦合协调关系。

工业设计产业发展是实现制造业转型的重要路径，是实现产业链从源头上优化的核心驱动。研究工业设计产业自身耦合协调情况，有助于明确未来产业发展的侧重点及其优化方向；其与制造业碳排放之间的耦合协调研究，有助于探明在碳减排目标下工业设计产业发展的着力点。以上研究丰富了制造业转型升级及绿色高效协调发展的相关文献。制造业转型优化的方向众多，就工业设计产业而言，其本身就是一个复杂的系统，其发展侧重点的进一步落实将是未来研究深入的方向。

第7章 工业设计产业对制造业碳排放的影响研究

近年来，无论从政策层面抑或是市场层面都积极推动制造业加速绿色转型，但其作为一个长期且系统的过程，无疑任重而道远。而在日益严峻的生态环境形势下，制造业绿色转型已箭在弦上，虽有一些先锋者已经开始实践并取得了一些成效，但仍有许多制造业企业处于探索阶段。当前，我国的制造业绿色低碳转型面临着诸多挑战，为此，必须贯穿全局、制定清晰的减碳规划、引入外部资源协助，更重要的是实现产业链上下游协同，共建绿色生态圈。

对于制造业而言，碳减排是实现碳中和目标的重中之重，有关碳排放的研究大多集中在产业链的中下游，而针对上游的研究相对较少，特别是针对设计产业的研究，更是几乎空白，而设计作为生产过程中的创新动能，在很大程度上直接关系到制造业的二氧化碳排放量，因此亟待深化相关领域的研究。

本章以中国浙江省为研究对象，分析各地区工业设计产业与制造业碳排放之间的关系，为政府相关部门的决策提供理论支撑。通过分析得到产业链的设计环节对制造业碳排放产生影响的一级指标和二级指标，运用熵值模型计算各指标权重，并通过岭回归模型检验结果的准确性，通过结构方程模型综合评价设计因子对制造业碳排放的影响。

当今工业设计产业处于产业链的设计侧，其规模扩大对制造业碳排放有显著的抑制作用，而工业设计产业的经济效益、政府支持力度、创新水平的提高对降低制造业碳排放有促进作用。因此，为降低制造业的碳减排，首先，应当充分利用工业设计产业规模对碳排放的抑制效应，重视产业规模扩大及相关资源投入。其次，加强工业设计企业的社会责任感，将"绿色设计"概念进一步渗透至产业发展，加强人才队伍建设，从根本上驱动设计产业绿色化。最后，未来需进一步完善相关绿色设计评价指标体系，确保产业经济效益稳定增加的同时降低碳排放。

未来，工业设计产业将继续发挥自身优势及力量，积极共创绿色生态，联合相关产业，推动制造业向数字化、智能化、绿色化的方向发展。

7.1　制造业碳排放

工业革命以来，伴随人口激增与工业生产，人类生产生活排放的温室气体大幅增加，全球气候变化成为当今人类社会发展面临的重大挑战[①]。面对气候变化挑战，中国政府2020年9月22日在第75届联合国大会上庄严地提出，将采取有力的政策与措施，在提高国家自主贡献力度的基础上二氧化碳排放力争于2030年前达到峰值，努力争取2060年前实现碳中和。为了实现碳中和目标，中国政府在金融[②]、法律[③]、交通[④]、

[①]　王灵桂、洪银兴、史丹、洪永淼、刘俏、周文：《阐释党的十九届六中全会精神笔谈》，《中国工业经济》2021年第12期，第5~30页。

[②]　洪艳蓉：《论碳达峰碳中和背景下的绿色债券发展模式》，《法律科学（西北政法大学学报）》2022年第2期，第123~137页；高海明、郭宇、郝春晖：《碳达峰、碳中和的金融支持思考》，《青海金融》2022年第2期，第13~21页。

[③]　邓禾、李旭东：《论实现碳达峰、碳中和的司法保障》，《中国矿业大学学报》（社会科学版）2022年第5期，第1~14页；秦天宝：《整体系统观下实现碳达峰碳中和目标的法治保障》，《法律科学（西北政法大学学报）》2022年第2期，第101~112页。

[④]　陆化普、冯海霞：《交通领域实现碳中和的分析与思考》，《可持续发展经济导刊》2022年第Z1期，第63~67页；李晓易、谭晓雨、吴睿、徐洪磊、钟志华、李悦、郑超蕙、王人洁、乔英俊：《交通运输领域碳达峰、碳中和路径研究》，《中国工程科学》2021年第6期，第15~21页。

生产制造[①]等多个社会领域出台相关的政策以及法律法规，旨在全面推进全国范围内的碳减排。

制造业高耗能、高排放的特征使其在实现碳中和目标的过程中扮演了重要角色[②]，作为世界上制造业产出最大的国家之一[③]，在 21 世纪初期中国制造业碳排放就占全国碳总排放量的一半以上。因此，如何实现碳中和的目标，是制造业未来发展所面临的现实问题。实现制造业的碳减排，从传统工业发展道路转向高质量发展道路是重中之重[④]。

———————————

① 张晓娣：《正确认识把握我国碳达峰碳中和的系统谋划和总体部署——新发展阶段党中央双碳相关精神及思路的阐释》，《上海经济研究》2022 年第 2 期，第 14~33 页；乔晓楠、彭李政：《碳达峰、碳中和与中国经济绿色低碳发展》，《中国特色社会主义研究》2021 年第 4 期，第 43~56 页；毛涛：《碳达峰与碳中和背景下工业低碳发展制度研究》，《广西社会科学》2021 年第 9 期，第 20~29 页；冯宗宪：《基于碳中和的碳达峰目标设立和行动》，《探索与争鸣》2021 年第 9 期，第 8~11 页。

② 庄贵阳、窦晓铭、魏鸣昕：《碳达峰碳中和的学理阐释与路径分析》，《兰州大学学报》（社会科学版）2022 年第 1 期，第 57~68 页；张凡、王树众、李艳辉、杨健乔、孙圣瀚：《中国制造业碳排放问题分析与减排对策建议》，《化工进展》2022 年第 3 期，第 1~11 页。

③ Jian Liu, Qingshan Yang, Yu Zhang, Wen Sun, Yiming Xu, "Analysis of CO_2 Emissions in China's Manufacturing Industry Based on Extended Logarithmic Mean Division Index Decomposition," *Sustainability*, 2019, 11 (1), 226.

④ 张继宏、程芳萍：《"双碳"目标下中国制造业的碳减排责任分配》，《中国人口·资源与环境》2021 年第 9 期，第 64~72 页；张明志、孙婷、李捷：《中国制造 2025 的碳减排目标会实现吗》，《广东商学院学报》2017 年第 4 期，第 4~14+23 页；王文举、李峰：《中国工业碳减排成熟度研究》，《中国工业经济》2015 年第 8 期，第 20~34 页。

对于制造业转型升级，目前国内学界公认有如下路径：服务型制造路径①、资本密集型制造路径②、设计创新路径③等。本章将进一步研究制造业转型升级中的设计创新路径，重点研究工业设计产业的发展对制造业碳排放的影响。

学界对制造业碳排放的研究较多，对产业链中设计产业的研究却不多，而制造业的设计侧实质上决定了整个生产结构及最终产出的碳排放量，对制造业碳排放的影响重大。但由于归属于新兴产业的工业设计产业发展时间还较短，加之其数据精细、难以捕捉、无法直观量

① 侯红昌：《服务型制造的发展背景及对策研究——以河南省为例》，《江苏科技信息》2021年第35期，第38~40页；卢现祥、滕宇汰：《中国制造业转型升级中的路径依赖问题研究》，《福建论坛》（人文社会科学版）2021年第7期，第31~46页。

② 封伟毅：《数字经济背景下制造业数字化转型路径与对策》，《当代经济研究》2021年第4期，第1~8页；廖信林、杨正源：《数字经济赋能长三角地区制造业转型升级的效应测度与实现路径》，《华东经济管理》2021年第6期，第22~30页。

③ 黄河、李勇：《设计提升制造系统竞争力机制研究——基于设计信息流的视角》，《南京艺术学院学报》（美术与设计版）2020年第6期，第169~172页；胡飞、王炜：《创新设计驱动的"互联网+"服务型制造》，《美术观察》2016年第10期，第11~13页；纪成君、陈迪：《"中国制造2025"深入推进的路径设计研究——基于德国工业4.0和美国工业互联网的启示》，《当代经济管理》2016年第2期，第50~55页。

化的特点，相关研究捉襟见肘①。上述现象造成了有关政府部门在制定制造业碳减排政策时缺乏对工业设计产业的有效调控，并且无法准确把握工业设计产业调控的着力点，致使该领域成为制造业碳排放调控的一个漏洞。因此，针对工业设计产业发展影响制造业碳排放的研究刻不容缓。

为保证研究质量，样本的质量是重点，因此本章选取制造业和设计产业均相对发达的地区作为样本。工业设计产业属于新兴高科技创意类产业，在国内分布不均匀，浙江省作为中国互联网行业发展迅速且零售制造业同样发达的省份，其工业设计产业分布相对均匀、种类齐全，较具有代表性。因此本章以浙江省为研究样本，基于浙江省2016~2020年设计类产业动向以及碳排放的相关数据，对制造业的设计侧进行研究，旨在揭示工业设计产业发展中的各项评估指标对制造业碳排放的影响，为相关的政策调控提供理论支撑，找到在制造业碳减排过程中针对工业设计产业的调控重点。

---

① 李曜坤：《建设现代化设计产业强国：中国设计产业高质量发展基本方略》，《装饰》2020年第8期，第33~36页；曹小琴、陈茂清：《珠三角地区工业设计产业链构建策略》，《科技管理研究》2021年第6期，第98~104页；刘键、蒋同明：《新型工业化视角下的工业设计产业升级路径研究》，《宏观经济研究》2018年第7期，第122~131页。

7.2　文献综述

本章所涉及研究领域主要包括以下两个部分：第一是制造业碳排放研究，第二是工业设计产业发展评估研究。

在制造业碳排放研究领域，众多学者通过 Kaya 模型和 LMDI 模型对碳排放的驱动因素进行分析①，希望找到制造业碳排放的核心驱动因素。但是上述方法仅适用于对宏观因素进行分析，如人均 GDP、单位 GDP 能源强度等，并不能够直接搭建起制造业碳排放与某一相关产业的具体关系，因此本章针对工业设计产业的研究将采取其他研究方法。在制造业碳排放量测算领域，大量的研究采用检测二氧化碳排放量的通用 IPCC 算法，通过

① 宋府霖、韩传峰、滕敏敏：《长三角地区能源消费碳排放驱动因素分析及优化策略》，《生态经济》2022 年第 4 期，第 1~16 页；Pan X., Guo S., Xu H., Tian M., Pan X., Chu J., "China's Carbon Intensity Factor Decomposition and Carbon Emission Decoupling Analysis," *Energy*, 2021 (239), pp. 122-175；谢森：《南宁市高新区碳排放清单分析与降碳路径研究》，广西师范学院硕士学位论文，2017；王霞、张丽君、秦耀辰、张晶飞：《中国制造业碳排放时空演变及驱动因素研究》，《干旱区地理》2020 年第 2 期，第 536~545 页；付华、李国平、朱婷：《中国制造业行业碳排放：行业差异与驱动因素分解》，《改革》2021 年第 5 期，第 38~52 页；朱聆：《中国制造业能源消耗碳排放分析》，复旦大学硕士学位论文，2012。

制造业能源消耗量计算生产过程中产生的碳排放量，如
聂晓培等①通过 IPCC 算法分析中国 2004～2017 年长江
经济带 11 个省市的制造业碳排放量；王圣兴等②通过该
方法计算 1995～2016 年中国制造业碳排放量；刘宁宁③
通过该方法计算了江苏省 2003～2017 年制造业碳排放
量；李治国等④通过该方法计算了山东省 2000～2016 年
制造业碳排放量。事实证明，在拥有制造业能源消耗相
关数据的前提下，IPCC 算法是测算制造业碳排放量较
为方便、有效的方法，适用于省域内制造业碳排放量的
测算。

在工业设计产业发展评估研究领域，相关学者多运
用管理学、统计学的数学模型进行评估。王丹⑤整理了
2007～2015 年中国在国家和地区层面出台的相关政策，

---

① 聂晓培、周星、周敏、夏青：《生产性服务业与制造业节能减排评价
及影响因素研究》，《中国矿业大学学报》2020 年第 4 期，第 807～
818 页。

② 王圣云、任慧敏、李晶：《中国制造业碳排放演变的驱动效应与"十四
五"趋势研判》，《环境经济研究》2020 年第 2 期，第 50～63 页。

③ 刘宁宁：《江苏省制造业发展及碳排放分析》，《农村经济与科技》2019
年第 21 期，第 217～219 页。

④ 李治国、朱永梅、高新伟：《系统耦合下制造业碳排放达峰路径研
究——基于山东省的数据》，《华东经济管理》2019 年第 9 期，第 22～
31 页。

⑤ 王丹：《设计产业政策评估指标体系构建与案例研究》，《艺术科技》
2016 年第 1 期，第 334 页。

基于此，确定了工业设计产业发展评估的二级指标和三级指标，并通过主成分分析法计算了各个指标权重；秦海英、王述晨[①]通过借鉴欧洲和中国香港创意产业评价指标，建立了工业设计产业竞争力评价相关指标，并通过层次分析法计算各指标权重；严未[②]通过问卷调研以及相关政策对比分析，确定了工业设计产业评价的一级、二级、三级指标，并通过德尔菲法确定了各个指标的权重；于泽[③]以钻石理论模型为基础，结合相关文献以及政策，确定了文化创意产业评价的 8 个一级指标、12 个二级指标、59 个三级指标，并提出需要进一步通过问卷调研以及层次分析法来测算各指标权重；陈圻等[④]运用钻石模型并结合相关文献得到了工业设计产业评价的相关因子，并通过结构方程模型进行因果关系分析。

综上所述，在制造业碳排放量测算领域相关研究较为

①　秦海英、王述晨：《天津市创意设计产业竞争力指数评价比较分析》，《文化产业》2019 年第 7 期，第 1~9 页。
②　严未：《工业设计产业发展指数构建研究》，浙江工业大学硕士学位论文，2020。
③　于泽：《基于"钻石理论模型"的城市文化产业竞争力评价体系设计》，《科技管理研究》2013 年第 11 期，第 88~92 页。
④　陈圻、王汉友、陈国栋、周海海、辛永容、吴讯：《中国设计产业钻石模型的双结构方程检验》，《科研管理》2017 年第 6 期，第 67~75 页。

丰富，在拥有相关数据的前提下可以通过 IPCC 法快速计算得到制造业碳排放量；而在工业设计产业发展评价领域，相关的研究仍然不足，存在主观性问题，尤其集中表现在指标的权重计算方面，如德尔菲法、层次分析法依赖于专家评分，存在较强的主观意识。在工业设计产业发展对制造业碳排放的影响方面，相关研究并未展开。因此，本章从工业设计产业发展对制造业碳排放的影响角度，通过文献综合分析确定设计产业发展的相关评价指标；通过熵值法计算各指标的权重，避免专家评分的主观性；通过岭回归模型初步判断工业设计产业发展对制造业碳排放量变化原因的解释力度，并进一步运用结构方程模型计算各指标与制造业碳排放之间的关系，得到工业设计产业助力制造业碳减排的方向，为相关部门提供理论参考和决策依据，重点弥补工业设计产业影响制造业碳排放研究领域的空白。

7.3 数据来源与研究策略

7.3.1 熵值法模型的建立

熵本身是热力学的概念，Shannon 于 1948 年将其引入信息论研究[1]。在信息论中，熵是对不确定性的度量，而通过计算指标的熵值可以判断其离散程度，离散程度越大，对于最终综合评价的影响越大，因此利用熵值携带的信息进行权重计算可以得出各指标权重。本章通过构建工业设计产业影响制造业碳排放的指标体系，研究工业设计产业对制造业碳排放的影响，通过计算各指标的权重并根据其大小来明晰未来工业设计产业重点发展方向，以更好地促进制造业碳减排。

根据已有的文献研究[2]，工业设计产业影响制造业碳排放的评价体系包含设计类资源规模指数、经济效益指数、政府支持力度指数、创新综合指数四个指标。由于工业设计产业本身是通过影响制造业的生产过程来影响其碳排放，将这4个指标作为评估的一级指标是有效的。针对4个一级指标，结合浙江省政府可检测的数据类型，细分为设计类企业数、专职从事设计的从业人数、设计成果交易数、设计成果转化产值、省级扶持资金额度、地方配套

---

[1] 张文宇、孟旋、苏锦旗：《改进熵值法和马尔科夫链的组合预测及应用》，《计算机工程与应用》2016年第6期，第122~126页。

[2] 周超：《工业设计产业与制造业互动融合研究》，浙江工业大学硕士学位论文，2018；王燕：《工业设计产业与制造业的交互分析》，《科技展望》2015年第16期，第200页；徐明亮：《工业设计产业与制造业互动发展研究》，《内蒙古社会科学》（汉文版）2012年第4期，第114~116页。

资金额度、专利授权数、国内外重大奖项获得数等8个二级指标，其中专利授权数涉及外观、实用新型、发明专利，国内外重大奖项包括国际红点奖、国内红星奖等奖项。具体分布详见表7.1。

表7.1 工业设计产业影响制造业碳排放评价指标体系设定

	一级指标	二级指标
工业设计产业影响制造业碳排放评价体系的一、二级指标	设计类资源规模指数	设计类企业数
		专职从事设计的从业人数
	经济效益指数	设计成果交易数
		设计成果转化产值
	政府支持力度指数	省级扶持资金额度
		地方配套资金额度
	创新综合指数	专利授权数
		国内外重大奖项获得数

对二级指标的具体数据经过式（7.1）归化后得到相应的标准化数据，每个二级指标 X_{ij} 标准化后的数据即 Y_{ij}。而后根据式（7.3）计算二级指标对应的信息熵 E_j，P_{ij} 由式（7.2）根据该样本每个参数 Y_{ij} 计算得到，根据式（7.4）基于该二级指标的信息熵 E_i 计算其对应的权重 W_i。

$$Y_{ij} = \frac{X_{ij} - \text{Min } X_i}{\text{Max } X_i - \text{Min } X_i} \qquad (7.1)$$

$$P_{ij} = \frac{Y_{ij}}{\sum\limits_{i=1}^{n} Y_{ij}} \qquad (7.2)$$

$$E_j = -\ln(n)^{-1} \sum\limits_{i=1}^{n} P_{ij} \ln P_{ij} \qquad (7.3)$$

$$W_i = \frac{1 - E_i}{k - \sum E_i} \qquad (7.4)$$

7.3.2　岭回归模型

虽然通过熵值法可以确定各一级指标对制造业碳排放影响的权重，但是并不能表示工业设计产业会对制造业碳排放产生显著影响，需要进一步研究前者对后者的影响，只有在前者能够解释后者变化的大部分原因的条件下研究才有足够的价值。因此，需要进一步检验，判断工业设计产业是否能够有效解释制造业碳排放变化的大部分原因。同时，正向作用变量和逆向作用变量之间的关系并不能直接通过熵值法模型计算得到[①]，故本章通过岭回归模型判

---

① 俞立平：《回归盲点下高校人文社科研究效率影响因素研究——基于 BP 人工神经网络的分析》，《软科学》2021 年第 11 期，第 130~137 页。

断工业设计产业的发展能否有效解释制造业碳排放量的变化。

在原有线性回归的基础上式（7.5）中 Y 为因变量观测向量，维度为 $n \times 1$；X 为自变量观测矩阵，维度为 $n \times (p+1)$；β 为 $p+1$ 处的向量系数；ε 是 n 维的随机向量。通过对矩阵 $X'X$ 对角线上加一组正常数，得到岭回归模型式（7.6）。其中 I_{p+1} 为单位矩阵，k 为岭参数，通过根据其选值变化轨迹得到稳定的 k 值，再将其作为固定常数带入进行回归分析，得到相应的计算结果。

$$Y = X\beta + \varepsilon \qquad (7.5)$$

$$\widehat{\beta}_{RR} = (X'X + k\,I_{p+1})^{-1}X'Y \qquad (7.6)$$

7.3.3 结构方程模型

由于回归模型并不能够有效反映因果关系，无法通过岭回归分析得到制造业碳排放与工业设计产业相关指标之间的因果关系，为了更好地研究工业设计产业与制造业碳排放之间的关系，为政府决策提供理论支撑，本章引入结构方程模型，在对各指标进行式（7.1）归化的基础上进一步分析两者的关系。

基于需要计算工业设计产业各指标与制造业碳排放之间的关系，本章初步构建模型关系如图 7.1 所示。

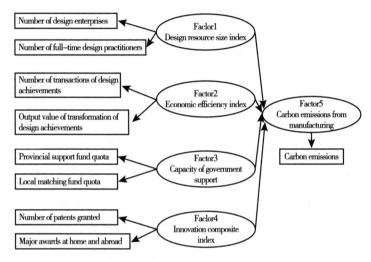

图 7.1　设计产业各指标与制造业碳排放模型关系

7.3.4　数据来源

本章的数据来源为 2016~2020 年的《中国工业统计年鉴》、《中国能源统计年鉴》、浙江省政府提供的《工业设计类产业动态监测数据汇总》、《浙江省级工业设计特色示范基地建设月度数据汇总》、《浙江省工业生产数据汇总》。

7.4　研究结果

7.4.1　权重计算结果

根据上述公式，本章选取中国浙江省 18 个设计类产业较为发达的地区（分别为杭州、宁波、温州、湖州、海宁、绍兴、永康、衢州、舟山、台州、丽水、义乌、桐乡、萧山、余杭、诸暨、乐清、江山），并将其 2016~2020 年的数据代入公式进行分析。本章设计了 4 个一级指标，运用熵值法对其进行精确的权重计算，并细分为 8 个二级指标，根据式（7.1）归化后得到各二级指标数据带入式（7.2）、（7.3）、（7.4）计算各二级指标权重，并与对应二级指标相加得到一级指标权重。将采用熵值法所得的 2016~2020 年各项指标权重进行汇总，得到二级指标权重分布情况（见图 7.2），具体情况如表 7.2 所示。

据计算结果显示，4 个一级指标中设计类资源规模指数对制造业碳排放影响最小，权重仅为 7.6%，而经济效益指数在各项一级指标中所占权重最大，对碳排放影响最大，该结果符合表 7.2 根据改进 LMDI 模型计算的初步结

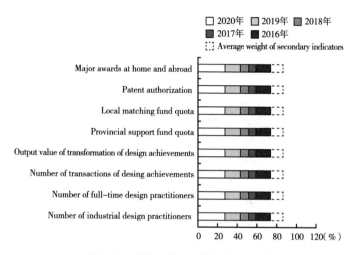

图 7.2 设计产业二级指标权重分布

论。政府支持力度指数权重为 29.67%，其重要性略小于
设计产业本身的创新综合指数（权重为 30.14%）。其中，
各二级指标中，设计类资源规模指数下的二级指标权重均
呈逐年下降趋势，包括设计类企业数及专职从事设计的从
业人数，很明显地表明对工业设计产业而言规模的重要性
不断下降，其对碳排放的影响力也逐年下降。而二级指标
中专利授权数权重呈下降趋势，其他指标均存在波动情
况，因此需要通过回归模型对所得权重进行分析，结合
2013~2019 年制造业碳排放数据，进一步确定各指标权重
的正逆性，在此基础上稳定分析一级指标的权重。运用上

表 7.2　2016～2020 年工业设计产业各项指标的权重

单位：%

一级指标	二级指标	2020年	2019年	2018年	2017年	2016年	二级指标权重均值	一级指标权重均值
设计类资源规模指数	设计类企业数	1.59	1.75	2.04	4.29	4.50	2.83	7.60
	专职从事设计的从业人数	3.85	3.93	4.67	5.65	5.76	4.77	
经济效益指数	设计成果交易数	13.40	14.60	14.90	18.25	18.30	15.89	32.85
	设计成果转化产值	14.34	16.82	16.82	19.70	17.81	16.69	
政府支持力度指数	省级扶持资金额度	18.82	16.05	16.05	11.91	12.66	15.56	29.67
	地方配套资金额度	17.66	18.47	18.47	9.76	10.82	14.11	
创新综合指数	专利授权数	12.28	14.19	14.19	17.31	19.52	15.86	30.14
	国内外重大奖项获得数	18.06	12.87	12.87	13.12	10.63	14.28	

述熵值法，结合《中国能源统计年鉴》中的数据情况，本章对 2013~2019 年 4 个一级指标权重进行综合计算，详见表 7.3 及图 7.3。

表 7.3 2013~2019 年工业设计产业一级指标权重

单位：%

年份	设计类资源规模指数	经济效益指数	政府支持力度指数	创新综合指数
2013	11.03	35.21	19.97	33.79
2014	10.67	34.75	22.19	32.39
2015	10.44	35.29	20.45	34.15
2016	10.26	36.11	23.48	30.15
2017	9.94	37.95	21.67	30.43
2018	6.71	31.72	34.52	27.06
2019	5.68	29.40	32.22	32.70

7.4.2 岭回归分析

为了检验熵值法模型权重计算的合理性，本章通过引入岭回归模型，结合计算得到的制造业碳排放量来回归检验各指标权重的可靠性与正逆性。针对 2013~2019 年制造业碳排放量，采取普遍碳排放量计算公式 IPCC 法[1]，即式（7.7）。

---

[1] 刘仁厚、王革、黄宁、丁明磊：《中国科技创新支撑碳达峰、碳中和的路径研究》，《广西社会科学》2021 年第 8 期。

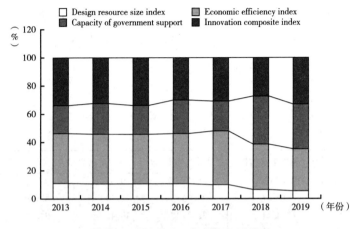

图7.3 设计产业一级指标权重分布

$$CO_{2e} = \sum_{i=1}^{n} (E_i \times NCV_i \times C_c) \times 10^{-3} \times COF \times \frac{44}{12} \qquad (7.7)$$

式（7.7）中，CO_{2e}表示制造业碳排放量，E_i表示第i种能源的消耗量，NCV_i表示第i种能源的净产热值，C_c即单位热值含碳量，COF为氧化因子，默认为完全氧化情况，即COF为1，计算结果详见表7.4。将相关数据绘制并添加阶数为2的多项式渐进曲线，得到统计图，如图7.4所示。

将碳排放数据作为因变量，带入相应一级指标权重作为自变量进行岭回归分析，得到对应岭迹图（见图7.5）。

表 7.4　2013~2019 年浙江省碳排放数据

单位：万吨

年份	碳排放量
2013	37280
2014	37652
2015	39220
2016	40552
2017	42060
2018	43350
2019	44786

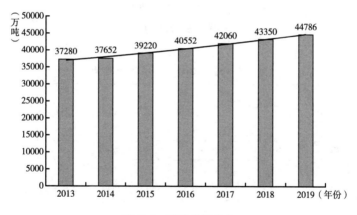

图 7.4　碳排放量分布

　　根据岭回归图可得，在 k 值为 0.01 时，各自变量经过标准化后所得的回归系数趋于稳定，因此 k 取最佳值 0.01。带入岭回归模型后，得到结果如表 7.5 所示。

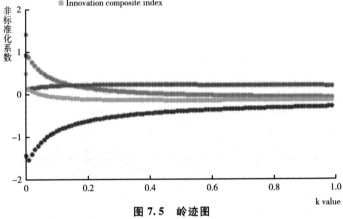

- Design resource size index
- Economic efficiency index
- Capacity of government support
- Innovation composite index

图 7.5 岭迹图

表 7.5 岭（Ridge）回归分析结果

项目	非标准化系数		标准化系数	t	p	R^2	调整R^2	F
	B	标准误差	Beta					
常数	24554.392	8844.280	—	2.776	0.109			
设计类资源规模指数	-208222.462	35909.676	-1.560	-5.799	0.028			F(4,2) = 21.834 P=0.044
经济效益指数	86491.702	22260.913	0.871	3.885	0.036	0.978	0.933	
政府支持力度指数	6272.282	6555.546	0.130	0.957	0.440			
创新综合指数	13090.373	15030.795	0.114	0.871	0.476			

由图 7.5 所得结果，F 检验值为 0.044，小于 0.05，说明该模型有意义。综合计算结果，可以得到如下关系式。

制造业碳排放量 = 24554.392 - 208222.462×设计类资源规模指数 + 86491.702×经济效益指数 + 6272.282×政府支持力度指数 + 13090.373×创新综合指数。

根据已有的岭回归模型，模型汇总可以得到表 7.6。

表 7.6 岭回归模型汇总

模型汇总			
样本量	R^2	调整R^2	模型误差
7	0.978	0.933	737.722

表 7.6 中 R^2 值为 0.978，这意味着设计类资源规模指数、经济效益指数、政府支持力度指数、创新综合指数可以从工业设计产业角度解释制造业碳排放量 97.8% 的变化原因，由此可见，制造业的设计侧对其碳排放有较大影响。因此，进一步研究工业设计产业对制造业碳排放的影响具有实际价值。

7.4.3 结构方程模型分析

将各项一级指标以及计算所得的浙江省历年制造业碳排放量作为潜变量，一级指标对应的二级指标作为各潜变量对应的测量，把相关数据代入计算得到初步结果，通过对得出的模型拟合指标进行分析，本章采取六项拟合判断指标，结果如表 7.7 所示。

表 7.7　结构方程模型初步模型拟合指标结果

Commonly used indicators	GFI	RMSEA	RMR	CFI	NFI	NNFI
Determine the results	>0.9	<0.10	<0.05	>0.9	>0.9	>0.9
The calculation results	0.996	0.247	1.034	1.012	0.883	0.950

根据表 7.7 可得，其中 RMSEA 值超过了判断标准小于 0.1 的要求，RMR 值也超过了判断标准小于 0.05 的要求，NFI 值不满足超过 0.9 的要求，综合判断在 6 项常用的模型拟合水平判断指标中有 3 项是不合格的，由此说明模型拟合并不完善，需要进一步调整系数和影响关系重新拟合模型。而根据计算结果，得到模型中各个路径之间的影响关系与 MI 值分布如表 7.8 所示。

表 7.8　路径影响关系分布

X	(X impact Y)	Y	MI
Factor4	—	Factor5	-0.392
Factor2	—	Factor5	0.370
Factor3	—	Factor5	3.487
Factor4	—	Factor1	0.865
Factor3	—	Factor2	12.347
Factor2	—	Factor1	7.528

根据表 7.8 可以得出，Factor3 对 Factor2、Factor2 对 Factor1 的影响关系较为显著，两者的 MI 指标值较大，其中 Factor3 对 Factor2 影响的 MI 指标值更是大于 10，理论上可以对模型进行进一步修正。因此在关系中增加了 Factor3 影响 Factor2 以及 Factor2 影响 Factor1 的关系，并将 MI 的值设置为大于 10，通过增加 MI 值的方法进一步完善模型。经过进一步调整后，模型得到的拟合指标结果如表 7.9 所示。

表 7.9　模型拟合分析结果

Commonly used indicators	GFI	RMSEA	RMR	CFI	NFI	NNFI
Determine the results	>0.9	<0.10	<0.05	>0.9	>0.9	>0.9
The calculation results	1.042	0.035	0.043	1.327	0.952	1.030

由表 7.9 可得，模型拟合结果已经全部符合常用判断指标，可以判断模型拟合程度较为优良，由此进一步得到模型的回归系数汇总表以及模型结果图，如表 7.10 及图 7.6 所示。

根据表 7.10 和图 7.6 的标准化回归系数分布可以得出，在对制造业碳排放的影响上，设计类资源规模指数对制造业碳排放呈现抑制作用，经济效益指数、政府支持力度指数、创新综合指数均对制造业的碳排放呈现促进作用。

表 7.10　回归系数汇总

X	Y	非标准化系数	SE	z	p	标准化系数
Factor1	Factor5	−6. 527	1. 416	−1. 478	0. 023	−0. 135
Factor2	Factor5	11. 650	2. 009	5. 798	0. 039	5. 632
Factor3	Factor5	0. 330	0. 384	0. 860	0. 390	0. 225
Factor4	Factor5	16. 459	0. 756	7. 073	0. 409	0. 975
Factor3	Factor2	0. 582	0. 678	0. 858	0. 391	0. 821
Factor2	Factor1	2. 198	2. 178	1. 009	0. 313	1. 000
Factor1	Number of design enterprises	1. 000	—	—	—	0. 901
Factor1	Number of full-time design practitioners	−0. 958	0. 267	−3. 584	0. 007	−0. 963
Factor2	Output value of transfor-mation of design achieve-ments	−2. 257	2. 171	−1. 039	0. 299	−0. 992
Factor2	Number of transactions of design achievements	1. 000	—	—	—	0. 462
Factor3	Provincial support fund quota	1. 000	—	—	—	0. 666
Factor3	Local matching fund quota	1. 494	0. 850	1. 757	0. 079	0. 982
Factor4	Number of patents granted	1. 000	—	—	—	0. 010
Factor4	Major awards at home and abroad	9. 388	16. 778	5. 924	0. 000	0. 996

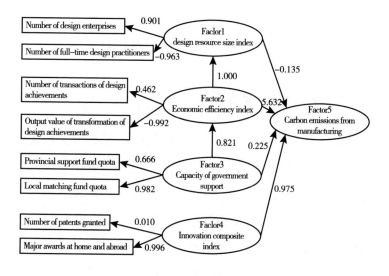

图 7.6　模型结果

进一步根据式（7.8）计算各一级指标对制造业碳排放影响的权重可得，经济效益指数>创新综合指数>政府支持力度指数>设计类资源规模指数，该结果符合熵值法计算所得权重分布。

$$Y = \frac{|k_i|}{\sum |k_i|} \tag{7.8}$$

式（7.8）中，Y 为对应指标权重，k_i 为各指标所对应的标准化回归系数。

7.5 研究结论与政策建议

7.5.1 研究结果讨论

设计类产业属于高新技术类和创意类产业，倚重科技创新，其生存与发展高度依赖于创新内容的经济价值转化，通过高效转化文化创意、新兴技术等内容来获得产业进阶的资本[①]。该类型产业伴随互联网新时代的拓展高速发展，通过依附于相应的产业来创造更高的附加价值，同时成为推动国家战略落实与技术革新的主力军[②]。工业设计产业服务于制造业，通过合理的设计来提高产品附加值，以此提高产品的销量与售价，攫取更高的商业价值。制造业涉及重工业，其碳排放量往往较高，而工业设计产业决定子产品的模式进而会对生产过程中碳排放量产生直接影响[③]，

① 范凡：《文化创意产业背景下设计价值的思考》，《西部皮革》2021年第21期，第123~125页；闵晓蕾、季铁：《设计驱动的怀化市特色文化产业创新生态研究》，《公共艺术》2021年第5期，第40~47页；Lee，"The Political Economy of 'Creative Industries'," *Media Culture & Society*，39（7）：1078-1088.

② 李胜会、戎芳毅：《中国制造业绿色转型升级：政策、实践与趋势》，《全球化》2021年第5期，第103~114+136页。

③ 李春花、孙振清：《碳达峰目标下区域绿色设计能力评价研究》，《科技管理研究》2021年第19期，第177~183页。

同一类型的产品经过设计后会有截然不同的生产流程，每个流程对应的碳排放量不同，自然影响就变得较大。

本章通过文献以及相关政策调研确定了工业设计产业影响制造业碳排放的一级指标和二级指标，并通过熵值法计算有关指标权重。并在所得结果的基础上进一步深化研究，探究工业设计产业发展对制造业碳排放影响，通过岭回归模型判断研究两者关系的价值。结果显示工业设计产业发展可以解释 97.76% 的制造业碳排放原因，充分说明该研究具有实际价值。引入结构方程模型，综合分析两者之间的关系。模型结果显示设计类资源规模指数的增加对制造业碳排放呈抑制作用，而工业设计产业的经济效益指数、政府支持力度指数、创新综合指数均对制造业的碳排放呈促进作用。经济效益指数的影响力>创新综合指数>政府支持力度指数>设计类资源规模指数。

本章规划的一级指标与工业设计产业的发展紧密相关。其中经济效益指数所占权重最大，对碳排放影响主要体现为工业设计类产业经济效益指数越高，往往设计的产品市场迎合度越高，因此制造业相应大量生产，而该生产基数的扩大自然导致排放的二氧化碳增加。以市场盈利为主导机制的工业设计产业，往往侧重于设计与市场需求贴合，以此获得更高的利润，往往忽视设计需要考虑的绿色环保等，导致产量增加的过程中，碳排放量呈直线上升，并没有通过设计的手段进行技术革新。就绿色设计而言，中国没有严格的法律法规对设计本身的环保效能进行约束，且设计师绿色设计意识不强，因此出现制造业碳排放量随经济效益指数增加而增长。而政府支持力度指数、创新综合指数对碳排放影响不显著，两者权重小于经济效益指数，之所以呈正向的形式是因为两者均会促进工业设计产业发展。在相关领域的研究中，工业设计产业发展极其依赖于其创新能力①，众多研究表明政府支持是该产业发展的核心动力之一②，这两项指标在促进工业设计产业发展的过程中使得其对应制造业的生产规模扩大，在当前绿色设计尚未渗入设计师职业道德意识的情况下③，增加的生产规模将会产生巨额碳排放量。采用熵值法的计算中，

---

① 赵继敏：《文化产业与创意产业的概念探讨》，《对外经贸》2011 年第 12 期，第 62~64 页。

② Charpain C. , Comunian R. , "Enabling and Inhibiting the Creative Economy: The Role of the Local and Regional Dimensions in England," *Regional Studies*, 2010, 44 (6), pp. 717-734; Wenting R. , Atzema O. , Frenken K. , "Urban Amenities and Agglomeration Economies? The Locational Behaviour and Economic Success of Dutch Fashion Design Entrepreneurs," *Urban Studies*, 2011, 48 (7), pp. 1333-1352.

③ 魏际刚、李曜坤：《从战略高度重视工业设计产业发展》，《中国经济时报》2018 年第 5 期；韩京兴：《工业设计产业现状及发展对策》，《大众文艺》2019 年第 4 期，第 107 页；郑仁华、段潇凌：《工业设计产业促进策略浅析》，《机械》2017 年第 7 期，第 77~80 页。

设计类资源规模指数的权重明显最小，事实上反映了工业设计产业对于设计方向的资源规模并无过多的需求，设计企业数量并不能决定该产业对制造业碳排放的影响，因为设计对碳排放的影响是体现在设计产品与市场的迎合程度和设计本身，即使企业数量再多，倘若未能设计出极佳的产品，也无法扩大其对应制造业的生产规模。而其呈抑制作用，则是因为设计类资源规模扩大，会让绿色设计方向的资源流向设计领域，同时也会吸引更多接受过系统教育的从业者进入，而这样的从业人员的绿色设计意识往往更强，因此其设计的产品在生产流程中碳排放减少，对制造业碳排放量自然会产生抑制作用。上述工业设计产业对制造业碳排放影响因子的权重分布，实质上契合了工业设计类产业本身的特征，是高新技术产业重视创意而不局限于产业规模的现实印证。

7.5.2 研究结论

针对上述研究成果，可以对政府作出的相关工业设计产业决策提出合理建议。针对碳中和视域下的制造业碳减排尤为关键，而工业设计产业对制造业碳排放影响较大，是实现碳减排路径中不可忽视的。第一，针对工业设计产业，要调控设计类资源的配置，将更多涉及设计专业方向的人力资源、文化资源、社会资源导入相应的产业，充分发挥设计类资源规模对制造业碳排放的抑制作用。第二，针对工业设计产业发展进行合理调控，无论是经济效益指数还是创意综合指数都是促进该产业发展的，而对其放任发展将会导致制造业碳排放量急剧增加，在近年来大力支持高新科技产业发展的基础上要加强对相关工业设计企业的社会责任感引导，将绿色设计理念进一步渗透入产业发展。第三，在教育方面，仍须加强对设计人才的社会道德责任感的培养，将绿色设计观念融入设计教育体系，大力培养绿色设计人才，一方面扩大设计类资源规模，发挥其对碳排放的抑制作用，另一方通过这些人才的加入可以减小政府支持力度指数、经济效益指数、创意综合指数等促进碳排放的权重。第四，对工业设计产业经济效益指数的调整需要持谨慎的态度，在影响制造业碳排放的各因子中，该项所占权重最大，但是直接涉及未来产业发展动态，对于高新技术创意产业仍需支持其发展并提高经济效益。在实际处理过程中，工业设计产业的经济效益涉及更多的评价维度，例如对设计结果进行绿色维度的相应评估、建立绿色指标评价体系等，确保减少碳排放的同时保证产业健康发展。

参考文献

白玉芹：《以工业设计带动河北制造业提升的模式与路径研究》，《经济论坛》2020年第6期。

白卓蕊、唐俐娟：《绿色设计理念在交互式包装设计中的应用》，《中国多媒体与网络教学学报（上旬刊）》2021年第6期。

曹小琴、陈茂清：《珠三角地区工业设计产业链构建策略》，《科技管理研究》2021年第6期。

陈白璧、华伟平：《乡村旅游与精准扶贫耦合评价及发展策略——以南平市为例》，《福建师范大学学报》（哲学社会科学版）2021年第5期。

陈鸿俊：《论可持续发展战略下的工业设计》，《南京艺术学院学报》（美术与设计版）2001年第2期。

陈嘉嘉：《改革开放40周年——中国工业设计发展战略研讨会综述》，《南京艺术学院学报》（美术与设计版）2019年第1期。

陈茂清、曹小琴、赵璧、沈强：《基于CiteSpace的国内外设计服务产业领域知识图谱研究》,《科技管理研究》2021年第14期。

陈圻、王汉友、陈国栋、周海海、辛永容、吴讯:《中国设计产业钻石模型的双结构方程检验》,《科研管理》2017年第6期。

陈媛媛:《绿色理念下的家具设计策略》,《包装工程》2022年第2期。

邓禾、李旭东:《论实现碳达峰、碳中和的司法保障》,《中国矿业大学学报》(社会科学版)2022年第5期。

丁伟、章彰、赖洪波:《设计与转型:"设计立县"发展路径及十大模式构建——以上海—长三角工业设计项目服务外包平台"设计立县"计划为例》,《设计》2014年第7期。

董兴林、牛春云:《青岛西海岸新区特色小镇可持续发展评价研究》,《青岛农业大学学报》(社会科学版)2017年第1期。

杜淑幸、彭丽萍、连立麟:《基于CiteSpace计量分析的国外工业设计研究现状》,《图学学报》2017年第6期。

范凡:《文化创意产业背景下设计价值的思考》,《西部皮革》2021年第21期。

封伟毅：《数字经济背景下制造业数字化转型路径与对策》，《当代经济研究》2021 年第 4 期。

冯宗宪：《基于碳中和的碳达峰目标设立和行动》，《探索与争鸣》2021 年第 9 期。

付华、李国平、朱婷：《中国制造业行业碳排放：行业差异与驱动因素分解》，《改革》2021 年第 5 期。

高海明、郭宇、郝春晖：《碳达峰、碳中和的金融支持思考》，《青海金融》2022 年第 2 期。

高树军：《特色小城镇建设发展研究——以青岛海青茶园小镇为例》，《农业经济问题》2017 年第 3 期。

高喜银、王乾：《工业设计促进区域经济发展的研究与对策——以河北省保定市为例》，《中国城市经济》2011 年第 1 期。

高原：《工业设计产业化与创意产业》，湖南大学硕士学位论文，2007。

高智杰：《工业设计产业与制造业互动发展研究》，《艺术科技》2018 年第 11 期。

韩京兴：《工业设计产业现状及发展对策》，《大众文艺》2019 年第 4 期。

郝辑：《中国人类可持续发展水平的空间分异格局与影响因素研究》，吉林大学博士学位论文，2021。

郝凝辉：《中外设计产业形态与现状比较》，《现代商贸工业》2016 年第 26 期。

何人可主编《工业设计史》，高等教育出版社，2019。

洪艳蓉：《论碳达峰碳中和背景下的绿色债券发展模式》，《法律科学》（西北政法大学学报）2022 年第 2 期。

侯红昌：《服务型制造的发展背景及对策研究——以河南省为例》，《江苏科技信息》2021 年第 35 期。

侯茂章、胡琳娜、阳志清：《我国工业设计创新现状、存在问题与对策》，《中南林业科技大学学报》（社会科学版）2014 年第 1 期。

胡飞、王炜：《创新设计驱动的"互联网+"服务型制造》，《美术观察》2016 年第 10 期。

黄本亮：《近 20 年中国设计教育研究综述——基于 CiteSpace 的文献计量分析》，《创意与设计》2021 年第 1 期。

黄河、李勇：《设计提升制造系统竞争力机制研究——基于设计信息流的视角》，《南京艺术学院学报》（美术与设计版）2020 年第 6 期。

黄梦：《杭州市创意产业发展研究》，山西师范大学硕士学位论文，2014。

黄雪飞、曹小琴：《工业设计产业竞争力的影响因素解析》,《设计艺术研究》2018年第1期。

纪成君、陈迪:《"中国制造2025"深入推进的路径设计研究——基于德国工业4.0和美国工业互联网的启示》,《当代经济管理》2016年第2期。

蒋红斌:《作为国家管理机制的中国工业设计发展指标体系》,In设计管理创领未来——2011清华—DMI国际设计管理大会论文,2011。

蒋天颖、华明浩、许强、王佳:《区域创新与城市化耦合发展机制及其空间分异——以浙江省为例》,《经济地理》2014年第6期。

康保苓、陈友军:《城市文化创意产业竞争力评价指标体系的构建及应用研究——以上海、杭州、南京为例》,《湖北理工学院学报》(人文社会科学版)2014年第1期。

雷仲敏、张梦琦、李载驰:《我国特色小镇发展建设评价研究——以青岛夏庄生态农业特色小镇建设为例》,《青岛科技大学学报》(社会科学版)2017年第3期。

李春花、孙振清:《碳达峰目标下区域绿色设计能力评价研究》,《科技管理研究》2021年第19期。

李翠华:《工业设计从"绿色设计"开始》,《装饰》2004年第3期。

李君华、许志浩：《生态学设计观下的产品设计研究》，《大众文艺》2020 年第 21 期。

李茗怡：《工业设计，为中国创造插上腾飞的翅膀》，《上海企业》2011 年第 3 期。

李胜会、戎芳毅：《中国制造业绿色转型升级：政策、实践与趋势》，《全球化》2021 年第 5 期。

李朔：《中英工业设计发展历程轨迹比较研究》，武汉理工大学博士学位论文，2016。

李晓西、潘建成：《中国绿色发展指数研究》，载郑新立主编《中国经济分析与展望（2010~2011）》，社会科学文献出版社，2011。

李晓易、谭晓雨、吴睿、徐洪磊、钟志华、李悦、郑超蕙、王人洁、乔英俊：《交通运输领域碳达峰、碳中和路径研究》，《中国工程科学》2021 年第 6 期。

李燕萍：《基于共词分析的我国文献计量学研究主题分析》，《图书馆界》2012 年第 5 期。

李曜坤：《建设现代化设计产业强国：中国设计产业高质量发展基本方略》，《装饰》2020 年第 8 期。

李曜坤：《建设现代化设计产业强国：中国设计产业高质量发展基本方略》，《装饰》2020 年第 8 期。

李永明、张明：《碳达峰、碳中和背景下江苏工业面

临的挑战、机遇及对策研究》,《现代管理科学》2021 年
第 5 期。

李治国、朱永梅、高新伟:《系统耦合下制造业碳排
放达峰路径研究——基于山东省的数据》,《华东经济管
理》2019 年第 9 期。

梁昌文、龚悦、龚青、肖明威、张妍:《佛山市工业
设计评价指标体系的构建》,《现代经济信息》2013 年第
11 期。

梁留科、王伟、李峰、王冠孝、蒋思远、宁立新:
《河南省城市化与旅游产业耦合协调度时空变化研究》,
《河南大学学报》(自然科学版)2016 年第 1 期。

廖信林、杨正源:《数字经济赋能长三角地区制造业
转型升级的效应测度与实现路径》,《华东经济管理》
2021 年第 6 期。

林宁思:《创新驱动下福建工业设计转型升级策略研
究》,《科技创新与生产力》2021 年第 10 期。

令狐红英、杨钢、李筑艳:《中国设计学研究领域期刊
文献计量分析》,《贵州师范学院学报》2018 年第 11 期。

刘鸿亮、曹凤中:《21 世纪经济与环境协调发展全新
思维模式的建立》,《环境科学研究》2006 年第 4 期。

刘键、蒋同明:《新型工业化视角下的工业设计产业

升级路径研究》，《宏观经济研究》2018 年第 7 期。

刘捷：《基于产品功能的外观配色人工智能设计方法研究》，《长春师范大学学报》2021 年第 10 期。

刘宁：《面向智能互联时代的中国工业设计发展战略和路径研究》，南京艺术学院学位论文，2021。

刘宁宁：《江苏省制造业发展及碳排放分析》，《农村经济与科技》2019 年第 21 期。

刘宁、杨芳：《智能互联时代的工业设计创新发展研究》，《包装工程》2021 年第 14 期。

刘仁厚、王革、黄宁、丁明磊：《中国科技创新支撑碳达峰、碳中和的路径研究》，《广西社会科学》2021 年第 8 期。

柳冠中：《走中国当代工业设计之路》，《装饰》2005 年第 1 期。

楼镓波：《工业设计特色小镇可持续发展评价研究》，浙江工业大学硕士学位论文，2020。

卢现祥、滕宇法：《中国制造业转型升级中的路径依赖问题研究》，《福建论坛》（人文社会科学版）2021 年第 7 期。

陆化普、冯海霞：《交通领域实现碳中和的分析与思考》，《可持续发展经济导刊》2022 年第 Z1 期。

路甬祥：《设计的进化与面向未来的中国创新设计》，《全球化》2014 年第 6 期。

路甬祥、孙守迁、张克俊：《创新设计发展战略研究》，《机械设计》2019 年第 2 期。

罗玲玲、谷晓丹、陈红兵：《界面设计的生态学基础》，《自然辩证法研究》2016 年第 7 期。

《中国设计产业发展报告 2020》，工业和信息化部工业文化发展中心工业设计部，2020。

毛广雄：《产业集群与区域产业转移耦合机理及协调发展研究》，《统计与决策》2009 年第 10 期。

毛涛：《碳达峰与碳中和背景下工业低碳发展制度研究》，《广西社会科学》2021 年第 9 期。

闵晓蕾、季铁：《设计驱动的怀化市特色文化产业创新生态研究》，《公共艺术》2021 年第 5 期。

聂晓培、周星、周敏、夏青：《生产性服务业与制造业节能减排评价及影响因素研究》，《中国矿业大学学报》2020 年第 4 期。

牛文元：《可持续发展的中国行动》，《中国生态文明》2016 年第 5 期。

潘静波：《二维视角下金融类"特色小镇"的培育指标体系构建——以杭州市为例》，《经贸实践》2016 年第

20 期。

乔晓楠、彭李政：《碳达峰、碳中和与中国经济绿色低碳发展》，《中国特色社会主义研究》2021 年第 4 期。

秦海英、王述晨：《天津市创意设计产业竞争力指数评价比较分析》，《文化产业》2019 年第 7 期。

秦天宝：《整体系统观下实现碳达峰碳中和目标的法治保障》，《法律科学》（西北政法大学学报）2022 年第 2 期。

屈婷：《马克思的城乡分工理论与中国的城市化道路》，南开大学博士学位论文，2012。

阮君：《淮河经济带安徽段经济—生态耦合协调分析》，《中国环境管理干部学院学报》2019 年第 6 期。

佘茂艳、王元地：《科技创新与乡村振兴系统耦合协调发展及影响因素分析》，《统计与决策》2021 年第 13 期。

沈法、雷达、麦秀好：《浙江省工业设计产业发展的问题与对策研究》，《西北大学学报》（自然科学版）2012 年第 3 期。

沈君：《浙江设计产业发展经验对海南的启发》，《今日海南》2021 年第 3 期。

施响：《中国人口流动与土地综合承载力耦合研究》，

吉林大学博士学位论文，2021。

石密、陈蒙贤、苑佳琳：《网络集群行为中道德情绪的研究热点及前沿趋势——基于 WOS 数据库的可视化分析》，《南都学坛》2022 年第 2 期。

宋府霖、韩传峰、滕敏敏：《长三角地区能源消费碳排放驱动因素分析及优化策略》，《生态经济》2022 年第 4 期。

宋亮、梁鲲、郭英、何颖：《全球典型新型制造业创新载体可持续发展经验研究》，《机器人产业》2021 年第 6 期。

宋耀辉：《陕西省经济发展质量评价》，《资源开发与市场》2017 年第 4 期。

苏溪岩：《从中国工业设计管理现状出发的设计创新要素研究》，重庆大学硕士学位论文，2006。

佟哲、周友良：《新发展格局下中国实现碳达峰、碳中和的现状、挑战及对策》，《价格月刊》2021 年第 8 期。

王成、唐宁：《重庆市乡村三生空间功能耦合协调的时空特征与格局演化》，《地理研究》2018 年第 6 期。

王丹：《设计产业政策评估指标体系构建与案例研究》，《艺术科技》2016 年第 1 期。

王莉莉、杨正：《公共设施在工业设计改造中的生态学研究》，《包装工程》2007 年第 12 期。

王灵桂、洪银兴、史丹、洪永淼、刘俏、周文：《阐释党的十九届六中全会精神笔谈》，《中国工业经济》2021 年第 12 期。

王圣云、任慧敏、李晶：《中国制造业碳排放演变的驱动效应与"十四五"趋势研判》，《环境经济研究》2020 年第 2 期。

王伟伟、魏婷、余隋怀：《基于知识图谱的情境感知交互设计研究综述》，《包装工程》2021 年第 24 期。

王文峰：《文化产业竞争力评价模型及指标体系研究述评》，《经济问题探索》2014 年第 1 期。

王文举、李峰：《中国工业碳减排成熟度研究》，《中国工业经济》2015 年第 8 期。

王霞、张丽君、秦耀辰、张晶飞：《中国制造业碳排放时空演变及驱动因素研究》，《干旱区地理》2020 年第 2 期。

王晓洋：《特色小镇商业建设模式及可持续发展路径——以江苏苏州市为例》，《商业经济研究》2019 年第 4 期。

王燕：《工业设计产业与制造业的交互分析》，《科技展望》2015 年第 16 期。

王震亚、左亚雪、刘亚男、尹昌宝、宣印：《设计学的开放性概念与产业模型》，《包装工程》2020年第20期。

王铮：《特色小镇建设任重而道远》，《宁波经济（财经视点）》2017年第1期。

王志文、沈克印：《产业融合视角下运动休闲特色小镇建设研究》，《体育文化导刊》2018年第1期。

魏惠兰、管顺丰：《设计管理学的演进路径与建构空间研究》，《设计艺术研究》2019年第6期。

魏际刚、李曜坤：《从战略高度重视工业设计产业发展》，《中国经济时报》2018年第5期。

温燕、金平斌：《特色小镇核心竞争力及其评估模型构建》，《生态经济》2017年第6期。

吴一洲、陈前虎、郑晓虹：《特色小镇发展水平指标体系与评估方法》，《规划师》2016年第7期。

谢森：《南宁市高新区碳排放清单分析与降碳路径研究》，广西师范学院硕士学位论文，2017。

熊兴、陈文晖、王婧倩：《我国设计产业政策发展现状、趋势分析及未来思考》，《价格理论与实践》2021年第10期。

徐冰、孙旭楠、唐智川：《工业设计企业竞争力评价体系研究与实证》,《浙江工业大学学报》(社会科学版) 2019 年第 4 期。

徐冰、孙旭楠、周超、唐智川:《工业设计产业与制造业融合的影响因素及实证研究》,《现代管理科学》 2019 年第 11 期。

徐江、欧细凡、孙刚:《设计科学知识图谱研究——基于国家自科基金视角》,《科研管理》2021 年第 12 期。

徐江、孙刚、欧细凡:《设计学交叉研究的文献计量分析》,《南京艺术学院学报》(美术与设计版)2021 年第 2 期。

徐江、孙刚、叶露、徐静妤:《基于科学文献计量的概念设计知识图谱研究》,《包装工程》2018 年第 22 期。

徐江:《知识图谱视角下的设计元研究管窥》,《装饰》2019 年第 10 期。

徐明亮:《工业设计产业与制造业互动发展研究》,《内蒙古社会科学》(汉文版)2012 年第 4 期。

徐苏妃、张景新:《基于复杂适应系统理论的广西特色小镇发展评估与对策》,《桂林航天工业学院学报》 2017 年第 4 期。

薛珂:《产业集聚视角下我国特色小镇发展路径研究》,天津城建大学硕士学位论文,2018。

薛振国：《日本工业设计产业的"三维成型"过程剖析》，《艺术与设计》（理论版）2010年第1期。

严未：《工业设计产业发展指数构建研究》，浙江工业大学硕士学位论文，2020。

晏群、肖旺群：《开展工业设计推动区域经济建设的研究与思考》，《包装工程》2006年第3期。

杨书燕、吴小节、汪秀琼：《制度逻辑研究的文献计量分析》，《管理评论》2017年第3期。

杨铁英：《河北省工业企业工业设计创新能力评价研究》，河北科技大学硕士学位论文，2019。

杨小京：《基于产业集群的工业设计产业发展模式研究——以杭州为例》，《中国商贸》2014年第33期。

杨义申：《21世纪中美日的世界经济战略分析》，《东北亚经济研究》2018年第3期。

杨直：《工业设计产业与制造业互动发展研究》，《山东工业技术》2018年第11期。

杨智渊、杨文波、杨光、杨昌源：《人工智能赋能的设计评价方法研究与应用》，《包装工程》2021年第18期。

尹庆民、吴益：《中国水—能源—粮食耦合协调发展实证分析》，《资源与产业》2019年第6期。

《硬核数据！2022 年我国工业设计行业发展现状统计研究》，中国工业设计协会，https：//www.chinadesign.cn/。

于泽：《基于"钻石理论模型"的城市文化产业竞争力评价体系设计》，《科技管理研究》2013 年第 11 期。

俞立平：《回归盲点下高校人文社科研究效率影响因素研究——基于 BP 人工神经网络的分析》，《软科学》2021 年第 11 期。

张凡、王树众、李艳辉、杨健乔、孙圣瀚：《中国制造业碳排放问题分析与减排对策建议》，《化工进展》2022 年第 3 期。

张芳兰、张志宇：《工业设计创新平台建设与区域整合研究》，《教学研究》2011 年第 5 期。

张继宏、程芳萍：《"双碳"目标下中国制造业的碳减排责任分配》，《中国人口·资源与环境》2021 年第 9 期。

张瑾、徐文静：《德国创新设计考察报告》，《全球化》2017 年第 3 期。

张晶、王丽萍：《基于产业多样性与主导性协调的产业生态化实证研究》，《科技进步与对策》2012 年第 9 期。

张琨、沈海波、张宏、蒋黎明、衷宜：《基于灰色关联分析的复杂网络节点重要性综合评价方法》，《南京理工大学学报》2012 年第 4 期。

张烈、潘沪生:《国外交互设计学科的研究进展与趋势——基于 SSCI 等引文索引的文献图谱分析》,《装饰》2019 年第 5 期。

张璐:《基于本体的工业设计过程知识表达与重用》,西安电子科技大学硕士学位论文,2014。

张敏:《创新生态系统视角下特色小镇演化研究》,苏州大学博士学位论文,2018。

张明志、孙婷、李捷:《中国制造 2025 的碳减排目标会实现吗》,《广东商学院学报》2017 年第 4 期。

张茜:《浙江文化创意产业区域差异与影响因素研究》,宁波大学硕士学位论文,2015。

张文宇、孟旋、苏锦旗:《改进熵值法和马尔科夫链的组合预测及应用》,《计算机工程与应用》2016 年第 6 期。

张晓娣:《正确认识把握我国碳达峰碳中和的系统谋划和总体部署——新发展阶段党中央双碳相关精神及思路的阐释》,《上海经济研究》2022 年第 2 期。

张振杰:《江浙沪文化创意产业空间分布特征及影响因素研究》,宁波大学硕士学位论文,2017。

张争、张小平:《高校图书馆信息资源建设文献计量学研究（2006年—2011年）》，《农业图书情报学刊》2012年第12期。

张芷若：《科技金融与区域经济发展的耦合关系研究》，东北师范大学博士学位论文，2019。

赵继敏：《文化产业与创意产业的概念探讨》，《对外经贸》2011年第12期。

赵可恒：《论制造业产业升级语境下工业设计角色定位》，《包装工程》2014年第8期。

赵敏：《浙江省工业设计示范基地综合能力评价体系研究》，浙江工业大学硕士学位论文，2018。

赵若君：《基于TRIZ创新原理的工业设计产业与地域文化共生发展应用研究》，西华大学硕士学位论文，2014。

赵伟：《广义设计学的研究范式危机与转向》，天津大学博士学位论文，2012。

赵潇羽、万达：《基于VOSviewer的建筑学科机器学习研究热点及趋势分析综述》，《天津城建大学学报》2022年第1期。

《浙江省工业设计发展情况调研报告》，《中国科技产业》2017年第8期。

郑仁华、段潇凌：《工业设计产业促进策略浅析》，《机械》2017年第7期。

郑司南、张宇：《智能设计在轻工业产品设计的应用》，《轻纺工业与技术》2021年第5期。

周超：《工业设计产业与制造业互动融合研究》，浙江工业大学硕士学位论文，2018。

周宏春：《碳中和背景下的产业转型升级路在何方》，《中国商界》2021年第8期。

周子番、邱均平、魏开洋：《从文献计量学到"五计学"：计量学方法的演化与发展》，《情报杂志》2021年第10期。

朱虹：《文化创意发展指数及我国文化创意产业现状研究》，北京邮电大学硕士学位论文，2013。

朱聆：《中国制造业能源消耗碳排放分析》，复旦大学硕士学位论文，2012。

朱猛男、张耀军：《新世纪以来知识图谱软件扩散规律研究——以2000—2019年Web of Science核心合集为例》，《软件导刊》2022年第1期。

庄贵阳、窦晓铭、魏鸣昕：《碳达峰碳中和的学理阐释与路径分析》，《兰州大学学报》（社会科学版）2022年第1期。

邹其昌：《对中国当代设计学建设与发展问题的思考》，《创意与设计》2020年第4期。

邹其昌：《关于中外设计产业竞争力比较研究的思考》，《创意与设计》2014年第4期。

邹其昌、华沙：《美国设计产业发展模式研究》，中国设计理论与社会变迁学术研讨会——第三届中国设计理论暨第三届全国"中国工匠"培育高峰论坛，2019。

邹其昌：《论中国当代设计理论体系建构的本土化问题——中国当代设计理论体系建构研究系列》，《创意与设计》2015年第5期。

邹其昌：《"设计治理"：概念、体系与战略——"社会设计学"基本问题研究论纲》，《文化艺术研究》2021年第5期。

邹其昌、孙聪：《美国设计理论体系发展研究——中国当代设计理论构建的美国经验》，《阅江学刊》2019年第6期。

Andreasen M. Myrup, "Design Methodology," *Journal of Engineering Design*, 1991, 2 (1).

Charpain C., Comunian R., "Enabling and Inhibiting the Creative Economy: The Role of the Local and Regional Dimensions in England", *Regional Studies*, 2010, 44 (6).

Diwekar U. M., Shastr N., "Green Process Design, Green Energy, and Sustainability: A Systems Analysis Perspective,"

Computers & Chemical Engineering, 2010（34）.

Dolsak B. , Novak M. , "Intelligent Decision Support for Structural Design Analysis," *Advanced Engineering Informatics*, 2010（25）.

Donthu N. , Kumar S. , Mukherjee D. , Pandey N. , Lim W. M. , "How to Conduct a Bibliometric Analysis: An Overview and Guidelines," *Journal Business Research*, 2021（133）.

Ellegaard O. , Wallin J. A. , "The Bibliometric Analysis of Scholarly Production: How Great is the Impact?" *Scientometrics*, 2015（105）.

Forslid R. , Midelfart K. H. , "Internationalisation, Industrial Policy and Clusters," *Journal of International Economics*, 2005, 66（1）.

Gemser G. , Leenders M. A. A. M. , "How Integrating Industrial Design in the Product Development Process Impacts on Company Performance," *Journal of Product Innovation Management*, 2001, 18（1）.

Grabher G. , "The Weakness of Strong Ties: The Lockin of Regional Development in the Ruhe Area," *The Embedded Firm: On the Socioeconomics of Industrial Networks*, London: Routledge, 1993.

Hu J. H. , Lai S. L. , "Intelligent Packaging Development Based on the Design Perspective," *ISDEA* 2013 (50) .

Jian Liu, Qingshan Yang, Yu Zhang, Wen Sun, Yiming Xu, "Analysis of CO_2 Emissions in China's Manufacturing Industry Based on Extended Logarithmic Mean Division Index Decomposition," *Sustainability* 2019, 11 (1) .

Kitagawa F. , "Regionalization of Innovation Policies: The Case of Japan," *European Planning Studies*, 2005, 13 (4) .

Lee H. K. , "The Political Economy of ' Creative Industries' ," *Media Culture & Society*, 2021 (7).

Liao H. , Tang M. , Luo L. , Li C. , Chiclana F. , Zeng X. -J. A. , "Bibliometric Analysis and Visualization of Medical Big Data Research," *Sustainability* 2018 (10) .

Noyons E. C. , Moed H. F. , Luwel M. , " Combining Mapping and Citation Analysis for Evaluative Bibliometric Purposes: A Bibliometric Study," *Journal America Society Information Science*, 1999 (50) .

"Our Common Future," World Commission on Environment and Development, 1987.

Pan X. , Guo S. , Xu H. , Tian M. , Pan X. , Chu J. , "China's Carbon Intensity Factor Decomposition and Carbon

Emission Decoupling Analysis," *Energy*, 2021 (239).

Wenting R. , Atzema O. , Frenken K. , "Urban Amenities and Agglomeration Economies? The Locational Behaviour and Economic Success of Dutch Fashion Design Entrepreneurs," *Urban Studies*, 2011, 48 (7).

Wu Q. , Li Z. , "Thinking about the Theory Construction of Chinese Industrial Design," *Advanced Materials Research*, Vol. 228-229, Trans Tech Publications, Ltd. , Apr. 2011.

Zeng S. , Hu T. X. , "Exploring the Essence of Industrial Design from the Variations of Its Definition," International Conference on Mechanical Engineering and Mechanics, 2007.

图书在版编目（CIP）数据

工业设计产业与区域经济发展研究／徐冰著.--北
京：社会科学文献出版社，2023.6
ISBN 978-7-5228-1264-9

Ⅰ.①工… Ⅱ.①徐… Ⅲ.①工业设计-工业产业-
关系-区域经济发展-研究-中国 Ⅳ.①F426

中国版本图书馆 CIP 数据核字（2022）第 250605 号

工业设计产业与区域经济发展研究

著　　者／徐　冰

出 版 人／王利民
责任编辑／吴　敏
责任印制／王京美

出　　版／社会科学文献出版社
　　　　　地址：北京市北三环中路甲29号院华龙大厦　邮编：100029
　　　　　网址：www.ssap.com.cn
发　　行／社会科学文献出版社（010）59367028
印　　装／三河市东方印刷有限公司

规　　格／开 本：880mm×1230mm　1/32
　　　　　印 张：8.25　字 数：145千字
版　　次／2023年6月第1版　2023年6月第1次印刷
书　　号／ISBN 978-7-5228-1264-9
定　　价／69.00元

读者服务电话：4008918866